ANNALES DU MUSÉE GUIMET

BIBLIOTHÈQUE DE VULGARISATION, TOME 45

NOTES
SUR DES
AMULETTES SIAMOISES

par

M. PIERRE LEFÈVRE-PONTALIS

LIBRAIRIE ORIENTALISTE PAUL GEUTHNER

13, Rue Jacob, PARIS-VIe — 1926

ANNALES DU MUSÉE GUIMET

BIBLIOTHÈQUE D'ÉTUDES

TOMES

XXVI, XXVII. G. JOUVEAU-DUBREUIL, **Archéologie du Sud de l'Inde.** — I. Architecture. — II. Iconographie (108 pl., 111 fig., 190 et 152 pp.), 1914. . . . . 40 fr. suisses

XXVIII. FR. MACLER, **Le Texte Arménien de l'Évangile d'après Mathieu et Marc,** LXXII et 645 pp., 1919. . . . . *épuisé*

XXIX. J.-G. FRAZER, **Adonis,** étude de religions orientales comparées, traduit par Lady FRAZER, VII et 312 pp. 1921 . . . . . . 8 fr. suisses

XXX. J.-G. FRAZER, **Les Origines de la Famille et du Clan,** traduit par la comtesse DE PANGE, 187 pp. 1922. . . . . 6 fr. suisses

XXXI. P. OLTRAMARE, **Histoire des Idées théosophiques dans l'Inde :** La Théosophie bouddhique, XV et 542 pp. 1923 . . . . . . 18 fr. suisses

XXXII. J. PRZYLUSKI, **La Légende de l'Empereur Açoka** (Açoka-Avadâna) dans les textes indiens et chinois, XVI et 460 pp. 1923 . 18 fr. suisses

XXXIII. M. GAUDEFROY-DEMOMBYNES, **Le Pèlerinage à la Mekke,** étude d'histoire religieuse, 1 pl., VIII et 332 pp. 1923 . . . . 12 fr. suisses

XXXIV. G. DUMÉZIL, **Le Festin d'Immortalité,** étude de mythologie comparée indo-européenne, XIX et 322 pp., 1924. . . . . . 12 fr. suisses

XXXV. J.-G. FRAZER, **Atys et Osiris,** étude de religions orientales comparées, traduction française par Henri PEYRE, 296 pp., 1926 . 8 fr. suisses

ANNALES DU MUSÉE GUIMET

BIBLIOTHÈQUE DE VULGARISATION, TOME 45

NOTES SUR DES AMULETTES SIAMOISES

NOTES

SUR DES

AMULETTES SIAMOISES

PAR

M. PIERRE LEFÈVRE-PONTALIS

LIBRAIRIE ORIENTALISTE PAUL GEUTHNER
13, RUE JACOB, PARIS-VIe — 1926.

A part celle de Nang-quac qui figure en tête de cette étude, les amulettes qui font l'objet de la présente publication ont bien été collectionnées à Bangkok, mais elles proviennent les unes et les autres du Haut-Siam, et spécialement de la région de Kampeng-pech. Je les ai eues de bateliers qui les tiraient timidement, pour me les faire voir, de l'écharpe roulée autour de leurs reins qui leur sert de poche, pour les objets dont ils ne peuvent se passer : tabac, briquet, noix d'arek.

Comme Kampeng-pech paraît avoir longtemps résisté aux influences bouddhiques, ainsi qu'en témoignent les inscriptions et les chroniques, on pourrait supposer qu'à cause de leur apparence et de leur origine, ces amulettes indiquent une survivance locale des anciennes croyances. Mais rien n'est moins évident, car malgré ses prétentions hinayanistes, le bouddhisme, tel qu'il est aujourd'hui pratiqué au Siam, au Cambodge, au Laos et en Birmanie, est en tout bien pénétré d'hindouisme et de mahayanisme, héritages des siècles antérieurs.

M. Duroiselle[1] a signalé en 1913 une trouvaille faite à la pagode de Guthon-lon, à Kyauk-Sauk, près de Pagan en Birmanie. Parmi les objets trouvés et que l'on transporta au musée de Pagan, il y avait un Ganeśa en bronze de 1 pied 7 avec un personnage plus petit lui tournant le dos, qu'on reconnut être Gawompadé ou Gavâmpati, le saint patron des Mōns ou Talaings, dont le culte n'aurait été répandu à Pagan qu'après la destruction de Sathôn par Anawratha en 1057. M. Duroiselle a fait la remarque que, d'après les inscriptions, ce roi conquérant et zélé bouddhiste, possédait une statue de Gawompadé sculptée dans un morceau de teck, et que, de nos jours encore, on se sert des statuettes de ce saint, pour la sorcellerie et la pratique des mantras. Loin de nous étonner du fort degré de superstition qu'indiquerait l'union d'un dieu hindou avec un grand saint bouddhiste, nous devons au contraire considérer comme un fait cou-

1. Duroiselle, Rapport sur les antiquités de Birmanie, 1912-1913.

rant dans toute l'Indo-Chine cette manifestation populaire d'une religion qui, à travers les siècles, a fait des emprunts à tous les cultes.

La statuette de Gawompadé adossé à l'image de Ganeśa, rappelle singulièrement quelques amulettes de notre collection. Cela n'a rien de surprenant, étant données les relations que les Môns ont toujours eues avec les habitants du Moyen Ménam, mais pour les superstitions que révèlent ces images, elles ne diffèrent guère de celles qui ont cours dans d'autres parties de l'Indo-Chine où l'on croit bien cependant pratiquer la stricte orthodoxie.

Ce n'est pas en effet la juxtaposition d'un saint bouddhique et d'un dieu brahmanique passé au rang de deva ou de thevada, qui doit être considérée comme une superstition, car que dirait-on alors de l'emploi d'amulettes où ne figurent que des divinités brahmaniques ou tantriques, mais c'est l'usage magique que l'on fait de pareilles images. Encore la pratique des mantras dans un but de sorcellerie, ne semble-t-elle pas considérée de nos jours comme hétérodoxe, puisque des moines bouddhistes s'y adonnent dans leurs monastères, sans qu'aucune autorité religieuse y mette obstacle.

Pour plus de commodité, nous nous efforcerons de classer nos amulettes par catégories, sans attacher à ce classement aucune idée préconçue, puisqu'elles paraissent avoir toutes le même objet, celui d'assurer la protection individuelle de celui qui en est muni. Peut-être n'est-il pas toutefois inutile de chercher à distinguer des images purement bouddhiques, celles qui ne rappellent qu'une tradition brahmanique, d'autres qui sont un indice de la fusion des deux religions, et aussi celles qui se rattachent si directement aux croyances animistes indigènes, qu'on ne saurait leur attribuer une origine nécessairement hindoue.

Les deux figures de Ganeśa et de Gawompadé étant représentées avec les mains sur les yeux, M. Duroiselle a fait la remarque que cette position des mains sert à rendre l'ennemi aveugle sur ses propres périls et qu'elle rend invulnérable celui qui l'adopte. Comme il dit aussi que les statuettes de Gawompadé, employées pour la sorcellerie, confèrent certains avantages terrestres, quand on récite sur elles des mantras, il serait intéressant de savoir ce qu'en dit exactement l'ouvrage birman Lokahitagumbirakyam, cité par le même auteur.

Ce ne doit pas être le privilège du seul Gawompadé de protéger ainsi les hommes dans leurs relations avec les dieux. Il est d'autres saints bouddhistes, Kaccayana par exemple, si populaire sous le nom de Phra-kechay, qui, comme les disciples préférés de Bouddha, qu'on représente souvent les mains jointes à ses côtés, sont aussi aptes au rôle d'intercesseurs, mais il se peut aussi qu'on ait à tenir compte de la spécialité de chacun.

Plusieurs amulettes de notre collection reproduisent le geste des yeux bouchés, ainsi : la figure (1) d'un personnage isolé ; la figure (2) adossée à une autre comme celle de Pagan, l'une les mains croisées sur le ventre et la seconde, peut-être celle de l'intercesseur, se bouchant les yeux ; la figure (3) dont une face porte l'image du dieu et l'autre une paire de bras croisés du côté des yeux ; les amulettes (4), (5), (6) qui représentent des personnages sans coiffure, assis dans un coquillage, sur un oiseau, sur une tortue, attributs de Visnu qui ne suffisent pas pour indiquer si c'est cette divinité qu'on a entendu figurer ou bien si c'est son invocateur, ou l'intercesseur de ce dernier ; l'amulette (7) où un personnage couronné repose, les yeux bouchés, sur un serpent enroulé, ce qui fait penser soit à Visnu, soit à Śiva.

Sur l'amulette (8), il semble bien par contre que ce soit Ganeśa qui accomplit le geste consacré. Avec Śiva et avec Ganeśa, ce sont des phénomènes d'ordre sanitaire qui interviennent. Le fils aîné du dieu guérisseur, demi-dieu et demi-éléphant, qui représente la nature humaine et qui a la science en partage, n'est-il pas le meilleur des intermédiaires auprès de son puissant père?

Phra-kinet, Phra-thevakan, ou Phra-sivabout quand il invoque Śiva, Ganeśa a conservé de nos jours au Siam, tout son prestige avec le pouvoir supposé de guérir les malades. On sait à quel point chez les Hindous modernes, il a, sous le nom de Poullear ou de Pillear, donné lieu à des pratiques révélées au XVIIIe siècle en Europe, sous le nom de superstitions du Malabar.

Portant lui-même une tige de lotus dans la main droite, Ganeśa est adossé sur l'amulette (9) à un personnage assis et muni du même attribut. Sur la figure (10), ce sont seulement sa tête et surtout sa trompe qui apparaissent, adossées à un personnage assis; sur les numéros (11) et (12), on le rencontre seul, assis les deux fois, la première avec une tige de lotus dans chaque main, la seconde avec une sébille; ainsi assure-t-il, à lui seul et sans geste spécial, la protection de celui qui porte son image, ses attributs indiquant suffisamment les pouvoirs surnaturels dont il dispose.

La valeur propre du geste de garantir un organe, n'est nulle part plus manifeste que dans les amulettes (13), (14), (15), (16). L'étrange personnage, qui porte en siamois le nom de *Phra-pittawa-kang-khao*, est-il un dieu ou un saint? Comme il est dépourvu de tout attribut, on ne saurait préciser sa nature qui est peut-être celle d'un Esprit protecteur défendant contre les Esprits malfaisants, tous les orifices par lesquels une maladie peut s'introduire dans le corps de l'homme. Quel qu'il soit, on doit être assuré que la popularité de ce médecin-là ne le cède en aucune façon à celle des divinités consacrées.

Il convient, à propos de l'amulette du *Phra pittawa kang khao*, de rappeler ce que dit le R. P. Cadière[1] des *bóng via* et des *khièu* annamites. L'expression *bóng via* signifie, selon cet auteur, les esprits vitaux, le mot annamite *bóng* correspondant à ombre et entrant dans les combinaisons *con bóng, ba bóng, mu bóng, bóng cót* : pythonisse, devineresse, sorcière, medium des scènes d'hypnotisme et d'évocation, « sans doute, fait-il observer, parce que la pythonisse ou le medium donne asile à l'ombre, c'est-à-dire à l'âme, aux Esprits d'une personne morte que l'on évoque ou à l'Esprit que

1. R. P. Cadière, Anthropologie populaire annamite. — Hanoi.

l'on veut interroger. » Les chiffres de sept *via* pour les hommes et de neuf *via* pour les femmes ont retenu l'attention du P. Cadière, sans qu'il ait cru pouvoir aboutir à une conclusion précise sur la valeur qu'il convient de leur attribuer. Par contre l'expression sino-annamite *khièu* qui a fait l'objet d'une étude spéciale du P. Souvignet cité par le P. Cadière, et que dans son dictionnaire chinois, le P. Couvreur traduit par ouvertures du corps, telles que les yeux, les oreilles, la bouche, etc., paraît se rapprocher davantage de l'idée représentée par notre amulette du *Phra pittawa kang-khao*. D'après le P. Cadière, *that khièu* signifierait les sept ouvertures de la tête : les yeux, les oreilles, les narines, la bouche. Il est vrai que notre amulette en suppose d'autres encore appartenant à différentes parties du corps, mais selon le même auteur, les nombres trois et sept qui entrent dans certaines expressions populaires annamites, désigneraient un nombre illimité. Il est difficile de préciser la quantité d'ouvertures que réussit à se boucher, grâce à ses contorsions, le *Phra-pittawa-kang-khao*, mais en réalité le nombre est ici secondaire ; ce qui importe est l'idée Siamoise qui paraît fort apparentée à celle des Annamites et aussi bien des Chinois. L'amulette ne correspondrait donc pas à une superstition purement locale, mais à une idée commune à plusieurs peuples asiatiques, et dont l'origine est encore à déterminer. Quant à l'intervention de sorciers indiquée par l'expression *bóng*, surtout quand il s'agit des *bóng via* ou Esprits vitaux, elle s'associe si bien à ce que nous savons par ailleurs de certaines évocations que, grâce à l'explication complémentaire du mot *khièu*, il reste à peine douteux qu'elle se rapporte au même ordre d'idées que notre amulette.

Peut-être égale-t-elle celle du serpent dont le pouvoir remonte, dans tous les pays du monde, à l'origine des temps. Qu'il soit Adisésa Ananta sur lequel Visnu repose, la Nâga à sept têtes qui abrite Sâkya-Muni, le Nâgarâja, maître des royaumes souterrains, ou simplement le symbole du tout-puissant Siva, l'homme du peuple en Indo-Chine ne cherche guère à distinguer. C'est toujours pour lui le signe de la vie et de la mort, c'est l'être mystérieux dont on ne saurait trop rechercher la faveur, tout en se préservant à l'occasion contre sa morsure.

Au Siam ne s'imagine-t-on pas encore aujourd'hui qu'un serpent n'attaque jamais une femme enceinte; quand elle a ses règles, le serpent stupéfié perd aussi tous ses moyens d'action, d'où il est permis de conclure que, dans l'imagination populaire, cet être souterrain, qui est le symbole de la reproduction, tient compte du fait accompli, et sait toujours respecter les lois de la Nature.

Kern[1] a pu observer que, dans l'Inde, l'anthropomorphisme, appliqué aux figures mythologiques, va si loin qu'on s'y représente les Nâgas comme des hommes ordinaires, distingués seulement par une petite couronne de serpents. La figure que nous publions ici (pl. A) et qui est la photographie d'une statuette siamoise appartenant à un bonze de Wat Lieng, une des pagodes de Bangkok, porte des serpents non seulement sur la tête mais encore autour des bras et des jambes. Elle est considérée comme l'image d'un Nâgarâja plutôt que comme celle de Siva.

Par contre, nos amulettes (17), (18), (19), (20), (21) semblent bien concerner Siva en personne, car on le reconnaît à sa coiffure d'ermite, soit qu'il converse avec le serpent, dont la tête est tournée vers la sienne, soit que des reptiles s'enroulent autour de son corps et de sa chevelure, soit encore qu'il apparaisse dans une cavité entourée de deux serpents dont les têtes se projettent vers l'entrée de

1. Kern, Histoire du bouddhisme dans l'Inde. Musée Guimet.

son refuge. Il est vrai que sur la figure (20), le personnage assis se confond avec le serpent, dont la queue ne fait qu'un avec l'extrémité de sa chevelure, ce qui pourrait fort bien être la caractéristique d'un Nâgarâja, mais encore une fois le vulgaire n'y regarde pas de si près. Quant au personnage de l'amulette (21), il repose avec tant d'aisance et de majesté sur la tête d'un serpent, dont il est tout à fait distinct, que ce ne peut être que l'image de Ṣiva, tandis qu'on sera tenté de reconnaître Visnu ou Bouddha dans une de leurs poses classiques, dans la figure (22) qui représente un Nâga aux sept têtes abritant un personnage assis.

Après les dangers que l'homme peut courir, du fait de la maladie, de la mort, de la morsure des serpents, ceux dont le menacent les Ogres (Yak = Yakṣa) sont particulièrement impressionnants pour le voyageur. Il y a encore des tribus féroces telles que les Was, dans le Nord-Ouest de l'Indo-Chine, et d'autres dans les montagnes situées entre l'Annam et le Cambodge. Ces gens-là ne dévorent pas les étrangers, mais certains ont l'habitude de la chasse aux têtes ; aussi ne saurait-on prendre trop de précautions, quand on se met en route. C'est sans doute contre des périls de cette sorte qu'on se protège, au moyen des amulettes (23), (24), (25), (26), où l'on voit sur les genoux et contre le ventre d'un personnage assis, une tête séparée de son corps, avec des signes magiques, une tête d'éléphant, des bras sur les autres faces.

Le monde est d'ailleurs tellement rempli d'Esprits plus malveillants que bienfaisants, que l'homme est sans cesse porté à s'inquiéter, mais combien plus, quand il traverse la forêt ! Il y a des Esprits cachés dans les capsules des fruits (27), (28), dans les corolles des fleurs (29), (30), (31), entre les feuilles des plantes (32), dans des coquillages (33), (34), (35), (36), (37), sous des animaux tels que des tortues (38), (39). Contre ces Esprits nommés Phi-out-ta-krout, l'amulette faite à leur image sera un préservatif puissant, surtout si des formules magiques y sont gravées (40), (41), (42), (43), (44).

Il y a aussi des caractères et des formules inscrites sur d'autres amulettes, parfois des images de saints priant ou méditant comme sur les petites niches pyramidales, où est logé le Phra-Kring (45), (46), (47).

Contre les armes à feu et les armes tranchantes, le Phra-Kring est un merveilleux protecteur, dont la réputation est au moins aussi bien établie au Cambodge qu'au Siam. Peut-être est-ce pour indiquer son pouvoir contre les balles qu'il est logé dans une sorte de guérite, au point d'y être tout à fait enfermé, comme dans l'amulette (47), où il ne se manifeste que par un petit bruit de grelot qui fait fuir tous les ennemis.

A en croire les bateliers du Ménam, c'est encore Phra-Kring que représentent ces nombreuses figures où un personnage assis porte une tige de lotus ou un vase, ou bien repose sans attributs. Peut-être est-il un de ces saints bouddhistes comme Pra-Kechay ou Gawompadé, dont l'intercession est considérée comme particulièrement précieuse.

Nous avons classé cette sorte d'amulettes en trois séries :

1° Personnages munis de la tige de lotus et du vase rond :

Figures (48), (49), (50), (51), (52), (53) ;

2° Personnages munis seulement de la tige de lotus :

Figures (54), (55), (56), (57), (58), (59), (60), (61), (62), (63), (64), (65), (66), (67), (68), (69), (70), (71) ;

3° Personnages munis seulement du vase rond :

Figures (72), (73), (74), (75) ;

4° Personnages sans attributs :

Figures (76), (77).

Quand les personnages sont adossés par deux, comme dans l'amulette (78) où l'un porte le vase et l'autre le lotus, ou par trois, comme dans le n° (79), et du moment qu'il ne peut plus s'agir du seul Phra-Kring, il est permis de douter de l'attribution donnée par les bateliers à telle ou telle figure de saint ou de thevada, lorsque leurs indications ne sont pas confirmées par des attributs précis. Une triade des plus caractéristiques est celle du groupe (80), où un seul personnage porteur de vase est adossé à deux autres aux attitudes différentes et dont le visage est caché par un signe magique. C'est une des pièces de la collection qui évoque le plus l'idée de sorcellerie.

Sur un assez grand nombre d'amulettes, la base est décorée de signes magiques ou de chiffres, ainsi qu'on peut s'en rendre compte sur les numéros (81), (82), (83), (84), (85), (86), (87), (88), (89).

On ne voit aucun signe de cette espèce sur les images purement bouddhiques comme les numéros (90), (91), (92), (93), (94) qui représentent Bouddha couché, trois de ses disciples debout ou à genoux, et l'image du maître entre deux acolytes sur un pendentif de cou. On n'en rencontre pas davantage sur les amulettes suivantes dont la première série semble représenter des Bodhisatvas aux bras multiples dans l'attitude de l'invocation, ou bien portant lotus et vase ou lotus seulement (95), (96), (97), (98), (99), (100).

Le numéro (101) a cela de particulier qu'outre le lotus et le vase couvert, le personnage est muni d'un chapeau en pointe, ce qui laisse supposer qu'il a peut-être un caractère tantrique.

Avec les figures (102), (103), (104), (105), (106), (107) et (22) dont il a déjà été question, on se trouve en plein panthéon brahmanique, Siva se trouvant représenté en ermite sur un serpent, avec un gourdin dans la main droite et une conque dans la gauche. C'est encore Sivà que l'on reconnaît sur Nandi avec son trisul à la main tandis que c'est sur une tortue qu'est assis Visnu. Il convient de rapprocher ces images de Visnu des numéros (38), (39) déjà cités, où un personnage est caché sous la carapace de la tortue. Sur un oiseau, c'est sans doute encore Visnu, à moins que ce ne soit Brahmà, mais tous deux ne se confondent-ils pas parfois en la personne de Narayana? Comme dans cette série, aucune figure ne fait le geste de se boucher les yeux, et comme elles sont dépourvues de signes magiques, nous avons cru devoir les classer à part, comme indiquant le culte particulier et direct dont sont encore l'objet ces divinités brahmaniques. Sous la forme naïve où ces dieux sont représentés, ils se distinguent à peine des saints et des Esprits, avec lesquels ils paraissent être confondus, et ainsi apparaissent-ils beaucoup plus proches de l'âme populaire.

Nous sommes évidemment fort loin de l'iconographie hindoue et khmère, et même des manifestations artistiques dont le mahayanisme a fait profiter non seulement l'Inde du Nord mais aussi beaucoup de pays du Sud, y compris Java et Ceylan, mais dans la mesure où il est vrai de dire que la peur des hommes est l'origine des dieux, notre collection d'amulettes paraîtra singulièrement instructive, car elle place tous les êtres surnaturels à peu près sur le même niveau, quelles que soient leur origine et leur hiérarchie.

C'est bien la même impression que l'on tire de l'étude des pratiques religieuses actuelles au Cambodge[1]. Bouddha a beau y tenir le premier rang, Siva, Visnu, Ganeśa, Lakshmî ne manquent pas d'y conserver, à côté des Esprits et des Saints, une place importante. Les Dragons et les Ogres y jouent encore à peu près le même rôle qu'à l'époque où ils étaient les maîtres incontestés de l'Indo-Chine.

Comme on l'a très bien fait observer, par l'expansion du mahâyânisme et la synthèse croissante de

1. Adh. Leclère, Fêtes civiles et religieuses du Cambodge. Musée Guimet.

l'hindouisme, l'iconographie bouddhique s'est développée surtout à partir du moment où l'on a cru à l'incarnation d'un Bouddha supérieur, et c'est là ce qui a contribué, plus que toute autre chose, à transformer le bouddhisme en religion[1]. On peut dire aussi du culte des Esprits, qu'à partir du moment où l'iconographie s'en empare, et si modeste que soit leur représentation, l'anthropomorphisme accomplit son œuvre. C'est ainsi que nous voyons naître des dieux nouveaux en apparence, mais qui, dans leur essence, sont singulièrement proches de ceux-là mêmes qui les ont précédés dans la divinisation des forces de la Nature.

Comme au Cambodge, il y a encore de nos jours, à la cour des rois de Siam, des Brahmes qui président à certaines cérémonies officielles, tirent les horoscopes, désignent les jours et les heures favorables. Ceux qui desservent à Bangkok le temple brahmanique sont originaires de Ligor dans la péninsule malaise. Sous la direction de Raja Khrou Vamathib, qui accompagne le souverain dans ses déplacements, ils ont atteint le degré de complaisance et de scepticisme nécessaire en une cour

1. Coomaraswamy, Mahayana buddhist images *J. R. As. Soc.*, 1990.

bouddhiste, où, si l'on ne croit pas à la divinité du maître, on ne saurait cependant admettre qu'aucun dieu lui soit supérieur dans la hiérarchie céleste. « Si l'on en croit les textes, a dit M. Foucher[1], Çakyamuni lui-même n'aurait toujours nié qu'il fût un dieu que parce qu'il était bien davantage. »

Le chef des Brahmes de Bangkok lui-même a bien de la peine à distinguer les divinités dont il a la garde. Pénétré de l'idée officielle que Bouddha est supérieur à toutes, il ne reconnaît comme images orthodoxes de Siva (Phra In Suen en siamois) que celles où le plus grand des dieux porte un Bouddha assis dans sa chevelure. Visnu lui aussi n'est admis qu'en qualité de Narâyana (Phra Naraï des Siamois), dieu complexe qui procède directement de l'hindouisme.

De l'avis du chef des Brahmes, les sculpteurs et les fondeurs ont de siècle en siècle, embrouillé à tel point les traditions que dans leurs images, ils confondent les attributs des dieux. D'un voyage dans l'Inde où il était allé pour s'éclairer, il a rapporté l'impression que les savants indigènes eux-mêmes ne font que se transmettre leurs propres erreurs.

1. Foucher, Iconographie du bouddhisme dans l'Inde.

Après Bouddha, Siva passe évidemment au Siam en première ligne, mais pour les cérémonies brahmaniques sept divinités sont indispensables. On les distingue en deux groupes dont le premier et le plus important est celui de Śiva, Umâ, Ganeśa et Brahmâ, et le second, celui de Visnu avec ses deux épouses Lakhsmî et Savati.

S'adresse-t-on par ailleurs à quelque bonze éclairé, comme le chef de la pagode de Wat Sakhet, à Bangkok, que j'ai plus d'une fois consulté, il vous dit que c'est une très bonne chose d'invoquer les dieux, et que les médecins en particulier ont intérêt à le faire, car leur intervention accroît l'effet des médicaments. Quant à l'usage des amulettes, bien que l'orthodoxie en soit contestable, il ne saurait faire aucun mal.

Au grand collectionneur de statuettes brahmaniques Mom Chao Piya Pha Kdi, j'ai demandé si, à sa connaissance, les dieux avaient encore beaucoup de fidèles. Sa réponse fut qu'on en rencontrait encore parmi les personnes âgées et les professeurs, mais beaucoup moins qu'à la génération précédente. Quant à lui, il établissait une distinction très nette entre les images bouddhiques et brahmaniques, les cendres dont je remarquais la présence sur ses statuettes de Siva et de Lakshmi, ayant été posées par d'autres personnes que par lui-même.

Le dieu hindou qui paraît avoir conservé au Siam le plus de popularité est Ganeśa, dont l'image assez répandue est généralement honorée de cendres, de cordons, d'offrandes ou d'étoffes, à cause des avantages matériels qu'il est censé procurer.

Un fondeur au service du Roi, qui ne subit que trop l'influence de l'art européen, me raconta que si l'on fondait encore au Siam des statuettes de dieux, c'était pour satisfaire une clientèle composée de savants, de professeurs et surtout de médecins, ces derniers ayant conservé l'habitude d'invoquer des dieux guérisseurs, pour qu'ils les aident dans l'exercice de leur profession.

Parmi les déesses, c'était, selon lui, Ouma qui avait conservé le plus de prestige, Lakshmi étant beaucoup moins invoquée. Quand à Nang-Quac dont l'image se voit fréquemment à des éventaires, il n'est pas sûr que ce soit Lakshmi considérée comme déesse de la Fortune. En tout cas, c'est sous son patronage qu'aiment à se placer les commerçants, de même que les ouvriers d'art recherchent celui de Viçvakarman, l'architecte des dieux dont l'iconographie khmère nous a transmis de si saisissantes images. Le culte de Nang-Quac, qui répond aux préoccupations matérielles de certains dévots, est si répandu qu'il donne lieu à la fabrication, à Bangkok même, d'amulettes tout à fait analogues à celles qui viennent d'être décrites. C'est à cause de cela que, sous son aspect local, Nang-Quac a trouvé place en tête de ce travail, pour bien établir la relation qui existe, quelle que soit leur origine, entre les manifestations diverses des croyances populaires.

J'ai pu constater, en examinant à Bangkok les autels privés de plusieurs médecins indigènes, que les assertions du chef des Brahmes étaient exactes, pour ce qui concerne les dieux les plus vénérés. L'un de ces médecins possédait deux statuettes de Visnu (Phra-Naraï) et une de Ganeśa, qu'il me dit invoquer régulièrement pour la guérison de ses clients. Chez un autre, je vis, au milieu de nombreuses images de Bouddha, une statuette de Siva, qui était l'objet de la même vénération. Chez un troisième, en apparence plus cultivé, à côté d'images bouddhiques, se trouvaient plusieurs statuettes d'ermites, dans l'attitude de Siva méditant ; sur un autel spécial figuraient dans l'ordre de leur hiérarchie, en haut Siva entre Ouma et Ganeśa, plus bas Visnu entre ses deux épouses, ainsi que Viçvakarman. Ce docteur me dit avoir fait lui-même fabriquer ces statuettes, qu'il vénérait en leur appliquant des cendres sacrées et en les revêtant d'étoffes.

De toutes mes enquêtes, les plus intéressantes furent celles que je poursuivis chez le bonze Deng, de la pagode de Wat Liep Ratbura, qui, en qualité de *mo*, pratiquait la médecine, et surtout la sorcellerie. Au milieu de souris blanches, de cornes d'animaux et de grimoires, Deng conservait jalousement une importante collection de statuettes, dont quelques-unes étaient anciennes et du plus haut intérêt.

Pour ce bonze, l'usage des mantras et des amulettes était non seulement permis, mais méritoire. Quant aux statuettes des divinités brahmaniques, il en comprenait l'utilisation d'une façon toute particulière. Celle à laquelle il attachait le plus de prix représentait Ouma, l'épouse de Siva. Voici ce qu'il en racontait : Appelé un jour chez deux malades, il se rendit compte, dès l'arrivée, que la femme était déjà morte depuis deux jours, bien qu'on la crût en voie de guérison. Ce qui lui donnait l'apparence de la vie, c'était un Phi ou Esprit qui s'était introduit dans sa personne. Pour ressuciter la défunte, Deng commença par se saisir du *Phi*, en l'entourant d'un fil écru. L'ayant en sa possession, il lui fit subir un interrogatoire en règle, lui demandant son nom, l'endroit où il habitait, ce qu'il faisait. Cette formalité une fois accomplie, le bonze, se servant d'un petit fouet, chassa le *Phi* du corps de la femme, au moyen de quelque paroles magiques. Cela n'eut pas lieu sans protestations et sans hurlements de la possédée. Quant au *Phi*, il dut promettre de ne plus faire de mal à qui que ce fût, sous peine d'être enfermé dans un pot de terre et jeté dans le Ménam. Des questions posées à l'Esprit, il résultait que ce dernier, avant de pénétrer dans le corps de la femme, était logé dans une statuette qui se trouvait, sans qu'on le sût, sous le lit de la patiente, et que le bonze ne tarda pas à découvrir. Sur l'ordre de Deng, et sous la menace d'être jeté à la rivière, le Phi consentit alors à rentrer dans la statuette, et la femme, soufflant dans la direction, perdit alors la vie, et entra immédiatement en décomposition, tandis que Ouma se mettait à agiter ses membres. Le mari guéri par les soins du bonze lui fit don de la statuette. Depuis lors, Deng ne manquait pas d'alimenter la déesse, en lui offrant de gros morceaux de poisson assaisonné. Cette intervention d'un Esprit et d'une déesse brahmanique, avec le concours d'un bonze bouddhiste, n'est-elle pas tout à fait caractéristique de la façon dont beaucoup de Siamois conçoivent encore aujourd'hui leurs relations avec le monde surnaturel ?

Si l'on consulte le Ramayana, depuis longtemps traduit en thaï ou le Tripoom (Tray phum) ou les trois mondes, ouvrage traitant du Ciel, de la Terre et des Enfers, attribué à un roi de Sokhotaï qui régnait au XIVe siècle, on voit à quelles sources ont l'habitude de puiser les lettrés siamois désireux de s'entretenir dans la connaissance des traditions hindoues ; ce n'est pas là qu'ils peuvent trouver des données très scientifiques.

J'ai eu entre les mains un recueil de peintures siamoises, reproduisant l'image des divinités hindoues, telles qu'on se le figure de nos jours au Siam et au Cambodge ; les principaux dieux y étaient représentés dans des accoutrements de théâtre avec ou sans leurs épouses, ainsi que plusieurs personnages accessoires.

Phra-In-Suen (Siva) était représenté quinze fois seul, et cinq fois en compagnie d'Ouma, qui figurait encore trois fois à part. L'un et l'autre se faisaient voir sous les aspects les plus divers. Dieu méditant, ermite, danseur sacré, Phra In Suen, à une ou à trois faces, avait pour montures ou pour attributs Nandi et Soupara, un éléphant, un serpent, un poisson, un crocodile, un arc. On le voyait créant l'Himalaya, infligeant à un Yak (ogre) le châtiment qu'il méritait.

Phra-Naraï (Visnu) était représenté sous dix-neuf aspects différents, soit seul, soit entre ses épouses Lakhsmi, Mahasuen, Mahasavadi. Tantôt avec une tête, tantôt avec trois, il avait pour montures ou pour attributs un Garouda, un serpent, un lion, l'éléphant Ektan, une corde et une flûte.

Phra-Phrom (Brahma) était figuré onze fois dans ce recueil, avec une pyramide de têtes, ou bien avec huit têtes et seize bras, quatre têtes et huit bras. Le cygne ou l'oie était sa monture, et sous le nom de Phra-Phrom-Tep, c'était un laboureur.

Phra-In (Indra) n'apparaissait par contre qu'une fois, sur l'éléphant Errawan.

Ganeśa avait cinq images, son nom habituel étant *Phra-Kinet* sauf quand il est en adoration devant Siva et porte alors la dénomination de *Phra-Sivabout*. Le dieu éléphant, à une ou à trois têtes, était figuré avec une tortue, avec un rat et son attribut était une corde.

A côté de ces divinités d'ordre supérieur, l'artiste s'était plu à reproduire l'image d'Agni ou *Phra Pleung*, le dieu du feu sur un rhinocéros, de *Lom*, le dieu du vent sur un cheval, du soleil, *Athit*, de la lune, *Chan*, symboles du dimanche et du lundi,

2.

avec *Han, Phout, Hat, Souk, Sao,* les autres jours de la semaine, montés sur un ratchasi, un cheval, un buffle, un éléphant, un cerf, un bœuf et un tigre. *Rahou,* le dieu des éclipses et le frère de *Chan,* avait pour monture un garouda et luttait contre un serpent.

Parmi un certain nombre de dieux ou de demi-dieux plus obscurs, avaient pris place plusieurs ogres (Yak), parmi lesquels on reconnaissait *Sougravatan,* le Yak à tête de porc, et *Singavatan* dévorant Hirañ.

Sous le patronage du *Russipalai Khot,* à la tête de cerf, assis ou couché, figuraient les ermites *Thevabot* et *Thoropat,* ainsi que *Nat Yaiva* jouant de la musique au milieu des éléphants.

On remarquait aussi dans ce recueil l'image de quelques saints patrons, tels que *Phra-Visnoukam* (Viçvakarman), invoqué par les ouvriers d'art et les architectes, *Phra-Kout-Sa-Sat,* patron des cornacs, *Phra-Sat-Kam,* celui des fabricants de poteaux, *Krou-Ma-Si-Kalai* qui veille sur les chevaux et les écuries.

Nous retrouvons là une partie des éléments qui figurent dans notre collection d'amulettes, mêlés à quelques autres, et sous une forme moins populaire, les gens du peuple se représentant les êtres surnaturels autrement qu'on ne le fait dans les livres. La crainte qu'ils inspirent est telle qu'au siècle dernier, à Bangkok, c'était aux criminels du plus bas étage qu'on confiait le soin d'abattre des arbres, quand il s'agissait de tracer une nouvelle voie, et on avait bien soin de s'opposer à la destruction de tout édifice religieux ou de tout arbre sacré, de façon à ne pas troubler le repos des dieux et des Esprits.

« Aujourd'hui, me disait un fonctionnaire, le Phya-Vitchit, le pouvoir des *Phis* est à Bangkok très amoindri, et il entendait par là que, dans les centres où l'usage de l'électricité, des tramways, des chemins de fer, est devenu courant, le culte des Esprits tend de plus en plus à disparaître, bien qu'ils continuent à exercer parfois leur influence occulte.

Ceci est bien conforme à ce que nous savons de l'Annam et de la Birmanie[1]. Dans ce dernier pays, avant la chute de la monarchie, l'État reconnaissait encore d'une manière formelle certaines fêtes des Esprits auxquelles le Roi et ses ministres assistaient officiellement. Les noms des trente-sept Esprits ou Nat Birmans et leur histoire détaillée se trouvent

1. Sir G. Scott, Burma. Moring-London, 1911.

dans le livre intitulé *Maha-Gita-Medani* ; les rites à observer, les chants et les danses en leur honneur étaient scrupuleusement réglés dans les traités d'étiquette de cour.

On ne devait pas se comporter autrement à Sokhotaï à la fin du XIIIe siècle[1], puisqu'une inscription thaïe du roi Rama-Khomheng, qui date de 1294, dit ce qui suit : « Les Esprits et les Devas de la ville de Sukhodaya sont supérieurs à tous les autres du royaume. Les rois de Sukhodaya doivent, pour que leur royaume soit prospère et heureux, honorer ces Esprits, et leur faire des offrandes. Le roi qui manquerait à ce devoir, en les honorant mal, en ne leur portant pas les offrandes voulues, perdrait le respect et la protection des Esprits ; son royaume périrait. »

Les chroniques sont pleines d'allusions de ce genre, pendant toute la période du moyen âge, où les Thaïs affirmèrent leur domination dans le centre de l'Indo-Chine. Leurs traditions animistes ne firent que développer les croyances populaires locales, en dépit des efforts des missionnaires bouddhistes venus de Ceylan[2]. L'histoire de Phra-Ruang est remplie

1. Mission Pavie, Inscriptions. Inscription ne I. Leroux, 1898.

2. Cap. Oum, Pongsavadan Môn, traduction inédite.

de faits magiques et d'interventions des Esprits[1]. Les souverains môns du XIIIe et du XIVe siècle pratiquaient les mêmes croyances. Les tentatives d'envoûtement du roi Xieng-Mai, Tilok (1444-1489)[2] par les émissaires du roi d'Ajuthia. Boromaratch, après la destruction de l'arbre fétiche Nikhodh qui protégeait la ville de Xieng-Mai, procède bien du même esprit de superstition, puisque l'arbre Nikhodh était censé être la demeure du Génie protecteur de la cité. Quant à l'emploi, pour cette mission de confiance, d'un bonze birman au service du roi Boromaratch, il met bien en évidence le rôle joué par ces moines sorciers bouddhistes, successeurs des anciens ermites qui n'ont jamais cessé d'exercer leur action dans toute l'Iudo-Chine. Aujourd'hui encore, les agitateurs politiques les plus redoutables de l'Annam et du Cambodge, n'appartiennent-ils pas à cette catégorie de bonzes sorciers qui exploitent la crédulité publique, en vendant des amulettes et en tatouant les indigènes pour les rendre invulnérables ? L'exemple du Cambodgien Méak, qui, en 1916, se fit passer pour un prince, et essaya de soulever ses compatriotes contre le protectorat

1. Cap. Oum, Ibidem.
2. Cap. Oum, Pongsavadan Muong Lan Na, traduction inédite.

français, est encore présent à toutes les mémoires.

Les chroniques laotiennes de Luang-prabang insistent souvent sur le rôle des Esprits (Phis)[1] chez les Lao qui fondèrent le royaume de Lan-Chhang, sur les rives du Mékhong. Ils avaient une vénération particulière pour les chefs, hommes et femmes, qui les avaient conduits à la conquête de ces territoires, à Thao-Yen et à Thao-Lai, à Me-Ngom et à Me-Mot qu'ils qualifiaient de *Phi sur muong*, parce qu'ils les considéraieut comme les protecteurs de leur race et de leur royaume. C'était eux qui avaient su écarter de la route des envahisseurs les Esprits des morts et les Ogres ou Yaks. Ce fut un grand scandale au XIVe siècle, pour la princesse khmère Nang-Kéo, devenue l'épouse du roi Lao, Fa-Ngom, de constater qu'on ne connaissait pas Bouddha, sur les rives du Mékhong supérieur, où l'on ne pratiquait que le culte des Esprits. Fa-Ngom lui-même, si porté qu'il fût vers le bouddhisme, sacrifiait aux Génies comme dans cette circonstance solennelle où la chair de trente-six buffles fut offerte par lui, non seulement aux Esprits protecteurs de la race, mais encore à ceux du ciel et de la terre, des montagnes et des cours d'eau. Ne

1. Mission Pavie, Recherches historiques. Leroux, 1898.

se souvenait-il pas qu'ayant été exposé dans son enfance sur un radeau, il n'avait dû son salut qu'aux prières adressées par sa mère aux Esprits et aux Nagarajas du Mekhong? Fa-Ngom dut cependant donner quelques gages aux bonzes bouddhistes venus du Cambodge avec Nang-Kéo, pour les décider à introduire dans un pays aussi arriéré, la statue vénérée de Bouddha qui porte le nom de Phra-Bang, et qui est devenue à son tour le palladium du royaume Lao et de sa capitale.

Malgré tout, le bouddhisme semble n'avoir fait que de lents progrès dans ce pays animiste, car dans les premières années du XVIe siècle, « le roi Potisarach-Kouman étant obligé de constater que ses sujets continuaient à faire des actes pieux à l'adresse des Morts, des Génies, etc., ce qui était erreur, s'efforça de rejeter ces coutumes superstitieuses et édifia le temple de Xieng-Dong, exclusivement réservé aux pratiques religieuses et à leur enseignement. »

Avec un tel roi, les partisans de la pure doctrine éprouvaient évidemment moins de mécomptes qu'avec des princes tels que ce Tita-Kumara[1] qui régna sur Xieng-Mai au XVIe siècle, et qui, négli-

1. C. Notton, Pongsavadan Yonok, traduction inédite.

geant Bouddha, ne vénérait que les dieux étrangers, les Démons (*yakshas piṣâça*), les *Me Mot*, les Génies protecteurs des lieux, et autres Esprits, au point de sacrifier un buffle à ces derniers, avant de partir en guerre. Sa confiance dans la magie était telle que, lors du siège de Xieng-Sen par les Chinois, il s'en remit aux seuls conseils du bonze sorcier Siri-Vansho, qui exigeait des offrandes aux Esprits pour provoquer par ses sortilèges un orage terrible destiné à anéantir l'ennemi.

On voit par ce qui précède, que la croyance à l'existence d'Esprits protecteurs des États et des cités, si analogue à celle qu'a connue la Chine, s'imposa longtemps au respect des peuples de l'Indo-Chine. Même quand ils étaient de fervents bouddhistes, les rois étaient obligés de ménager les simples, adonnés aux pratiques animistes, comme ils ménageaient les grands et cherchaient à consolider leur prestige, en rendant des hommages publics aux divinités brahmaniques. Tel ce roi de Sokhotaï Bra-Pad-Kamraten qui, vers le milieu du XIVᵉ siècle, élevait une statue à Paramaveçvara et mettait à la disposition de brahmanes un parc de manguiers, à charge d'accomplir à perpétuité des cérémonies rituelles. Ce prince aussi versé dans la connaissance des textes bouddhiques que dans l'étude des Vedas, se vit cependant adresser le jour où il reçut l'ordination, par un bonze qu'il avait fait venir de Ceylan, ce souhait significatif[1] : « En devenant religieux, suivant les préceptes du Maître, vous avez acquis des mérites. Puissent ces mérites vous procurer non la puissance d'un potentat ni la gloire d'un Indra ou d'un Brahma, mais que, selon votre propre désir, ils contribuent à vous faire tirer de ces trois mondes tous les êtres ! » Affirmation ferme de la supériorité du bouddhisme sur les autres cultes, mais discrète tout de même, car le roi Bra-Pad-Kamraten n'eut pu sans doute en admettre d'autres. La fusion du brahmanisme et du bouddhisme était évidemment son objectif, comme il fut celui du roi Dharmarâja[2] qui, en 1432 çaka, relevait à Kampeng-pech, la statue renversée d'Içvara (Siva), et la replaçait sur un piédestal, avec une inscription consacrant ses intentions. Ce magnifique monument de l'art indo-chinois, conservé aujourd'hui au musée de Vang-Na à Bangkok, témoigne plus que tout autre du prestige individuel si longtemps conservé en Indo-Chine par cette divinité brahmanique, dont la popularité s'explique par

1. Mission Pavie, Inscriptions. Inscription de Bra pad Kamraten.

2. Fournereau, Le Siam ancien. Inscription n° VI.

ce fait que c'est en Siva plus encore qu'en Bouddha que se confondent les aspirations utilitaires des foules.

Il arrivait parfois qu'un prince se montrât sceptique, en présence de tant de doctrines diverses, ainsi qu'il arriva au roi d'Haripountchay (Lampoun)[1], Kuladeva, que ses devins et ses brahmes étaient venus trouver pour l'inviter à faire des actes méritoires à l'égard des dieux et des sacrifices aux Esprits, pour qu'ils protégeassent son royaume et sa personne contre les signes défavorables que présentait l'année du lièvre. « Qui saurait, aurait-il répondu, rendre impossible un malheur qui doit se produire ? »

La plupart cependant pensaient ou tout au moins agissaient différemment, faisant à chacun sa part, à Bouddha, aux dieux et aux Esprits, s'arrangeant toutefois pour que Bouddha acquît ou conservât le premier rang. Ils procédaient en cela, comme fit, au VIIIe siècle, le roi thibétain Thi-Sron[2]-Destan qui envoya quérir dans l'Inde le savant Gourou, Padma-Sambhava, célèbre par sa connaissance des sciences mystiques, qui en pratiquant le Tantra-Yogacarya,

1. C. Notton, Pongsavadan Yonok, traduction inédite.
2. Getty, The Gods of northern buddhism. Oxford, 1914.

fit tant et si bien qu'il soumit au bouddhisme presque tous les dieux du pays, assimilant ceux qui s'en montraient dignes et anéantissant les autres. En passant lui-même, après sa mort, dans le corps de Me-Wat, roi des Yakshas, et en étant admis ensuite dans le panthéon des bouddhistes du Nord, Padma-Sambhava fournit le meilleur exemple des procédés par lesquels le bouddhisme finit par s'implanter, fût-ce au prix des compromis les plus graves, dans les pays où on était le moins préparé à le recevoir.

C'est par la pratique du Yoga, sous sa forme tantrique, que le bouddhisme paraît avoir gagné ses premiers adeptes dans le Nord de l'Indo-Chine. Qu'étaient ces *Ari* sacrificateurs de victimes sanglantes et défloreurs de vierges à l'origine, que le roi réformateur Anawratha chassa des couvents qu'ils occupaient en Birmanie au XIe siècle, sinon les « adeptes d'un culte sauvage peut-être décoré de formes indiennes »[1] ? « Après leur dispersion, ils prirent et conservèrent, pendant plusieurs siècles, une apparence de bouddhisme pour conserver leur influence[2]. » Il est probable que leur bouddhisme

1. Finot, Un nouveau document sur le bouddhisme birman, *J. As.*, 1912.

2. Duroiselle, *loc. cit.*, 1912-13.

adopta la forme tantrique plutôt que les rites épurés de l'hinayanisme, car par les routes du Nord, c'est le mahayanisme qui fit subir son influence au Yunnan et dans les parties septentrionales de la péninsule indo-chinoise. Ce sont donc des adeptes d'un *Yoga* plus ou moins dégénéré, mais qui se réclamait de traditions sivaïques, qui furent dans ces régions les initiateurs du bouddhisme, avant les grandes réformes inaugurées au XIVe siècle par les souverains de Martaban, de Sokhotaï et de Xieng Mai, et au XVIe, par le roi de Birmanie Bureng Naung.

En 693 Çula (1331 ap. J.-C.), la région de Xieng Mai fut visitée à l'exemple de Martaban[1], par des missionnaires bouddhistes pénétrés de la doctrine de Ceylan. Des bhiksous de Sokhotaï commencèrent par aller s'instruire à Martaban, pour renouveler la foi dans leur pays d'origine. Les résultats qu'ils obtinrent et peut-être aussi l'effondrement progressif du brahmanisme dans les pays voisins autrefois soumis à l'influence khmère, encouragèrent le roi de Xieng-Mai, Phya-Keu-na à suivre le mouvement de propagande bouddhiste. Il s'adressa donc au roi de Sokhotaï Sri-Dharmaraja, pour le prier d'envoyer des missionnaires sur le Haut-Ménam.

1. C. Notton, Pongsavadan Yonok, traduction inédite.

Une inscription de ce roi de Sokhotaï[1] gravée en l'an 1357 de notre ère, raconte que depuis 139 ans, la carte des Brahmanes avait perdu son prestige dans le royaume, mais qu'avant cette époque, une foule de savants y connaissaient encore l'astrologie et la médecine.

Il ne restait donc plus grand'chose, dans l'entourage des souverains du Nord, de ces traditions qu'au IXe siècle la princesse Chamatevi, venue de Lophburi fonder les colonies de Haripountchay (Lampoun) et Kelang (Lakhon), avait introduites jusque sur le Haut-Ménam. Elle aussi avait tenu à faire une part presque égale au bouddhisme et au brahmanisme, assignant aux représentants des deux cultes un rôle particulier dans les cérémonies rituelles, sans cependant négliger les Génies de toute sorte vénérés dans le pays, puisqu'elle leur avait fait élever des autels tout autour d'Haripountchay.

Il faut croire que ces Esprits ou Génies, qui étaient l'objet des cultes locaux, avaient fini par prévaloir, puisque au XIVe siècle Phya-Keu-Na sentit le besoin de rénover la foi bouddhiste dans le pays de Xieng Mai[2]. Sous le roi de Xieng-Mai, Tilok (1444-1489),

1. Mission Pavie, Inscriptions, p. 236.
2. Cap. Oum, Pongsavadan Lan Na, traduction inédite.

la situation était encore telle que le roi d'Ajuthia put prétexter les intérêts de la religion, pour réclamer à son voisin la province frontière de Kampeng-pech.

Tout cela semble indiquer que, pour venir à bout des supertitions animistes des populations de cette région, et de celles des Thaïs en particulier, le bouddhisme avait été jusqu'alors assez impuissant. Quant aux Brahmes de cour, on a vu que leur influence était fort peu considérable. Aux bonzes réguliers comme aux Brahmes, il est très probable que les habitants de ces pays lointains, peu accessibles à la prédication des moines restés généralement sur le littoral, avaient dû préférer les ermites adeptes du Yoga et du tantrisme, fixés dans les forêts ou voyageurs.

Ceux-là, qu'ils appartinssent au brahmanisme ou au mahayanisme, disposaient de formules prestigieuses, puisque à l'exercice de la sorcellerie et de la magie, ils ajoutaient la connaissance de quelques recettes thérapeutiques. Quelques-uns étaient venus du Nord, du Yunnan, de l'Assam ou du Manipour, d'où la cour birmane tirait encore au XIXe siècle ses astrologues et ses magiciens[1], de ces pays voi-

1. Pelliot, Biblioth. de l'École française d'Extrême-Orient, t. IV, 1904.

sins de celui des Nagas dont les habitants adorent encore aujourd'hui le serpent, et dont les idées religieuses restent prodigieusement influencées par les phénomènes naturels de la mort et de la reproduction.

A l'origine d'un grand nombre de cités indo-chinoises les légendes rattachent le nom de quelques-uns de ces Russi ou ermites (pl. B), qui passent pour y avoir été les introducteurs de la civilisation. Sur les rives du Haut-Mékhong, bien avant les Khmers et les Laos, c'est à des ermites venus du Nord que la tradition attribue le choix de l'endroit où s'éleva plus tard la ville de Luang-phrabang.

C'est à l'appel d'ermites fixés sur le Haut-Ménam et sous la direction de quatre d'entre eux, Vasudeva, Sri Brahimini Sajanalaya et Sukadanta, que Chamatevi se serait décidée à quitter Lophburi, pour aller fonder les colonies de Haripountchay et de Kelang. Qui étaient au juste ces ermites, quelle vie menaient-ils, d'où venaient-ils ? La tradition ne dit pas si eux aussi étaient originaires du Nord, mais l'attention qu'apporta Chamatevi à les faire toujours participer aux cérémonies officielles, suivant leurs rites particuliers, semble indiquer qu'ils avaient des pratiques distinctes de celles des représentants des autres cultes.

Sans doute ces pratiques étaient-elles tantriques, et se référaient-elles surtout à la magie. La forme d'une conque qu'ils firent donner à la cité d'Haripountchay, à l'exemple de quelques autres cités indochinoises, indique en tout cas que certaines traditions hindoues ne leur étaient pas étrangères.

« On sait que c'est par la connaissance suprasensible de la structure de l'univers que les magiciens de l'Inde se proposent de dominer la nature, tant pour atteindre leur propre délivrance que pour exercer la magie à l'égard d'autrui[1]. » Telle est l'opinion de M. Kern qui ajoute qu'entre le système du monde des bouddhistes et celui des Yogim, il n'y a pas de différence considérable.

Getty[2] fait observer que « quand les mahayanistes greffèrent sur leur système celui de Yogacaria, ils se proposèrent d'atteindre l'union extatique de l'individu avec l'Esprit universel, les formules mystiques (*tantra*), les litanies (dharani), les charmes (*mantra*), les gestes des doigts (*mudrâ*) étant destinés à produire un certain état de fixité mentale qui engendre le pouvoir surnaturel de faire des miracles ».

1. Kern, Histoire du bouddhisme dans l'Inde.
2. Getty, The Gods of northern buddhism. Oxford, 1914.

« L'influence considérable des pratiques tantriques serait due, selon M. Péri[1], au caractère surnaturel d'une formule opérant pour ainsi dire mécaniquement et obtenant son effet, en dehors de tout effort personnel. »

Pour des êtres primitifs, beaucoup plus préoccupés de la recherche de leur intérêt matériel que de leur développement philosophique et moral, on conçoit quel est l'attrait d'une doctrine aussi nettement formulée, d'une apparence aussi mystérieuse et en quelque sorte divine, surtout lorsqu'ils entrevoient la possibilité d'obtenir par ce moyen le pouvoir de devenir invisibles ou invulnérables, d'acquérir des richesses, de prolonger la vie, de se guérir, de faire tort à leurs ennemis. Quelle reconnaissance l'initié ne doit-il pas à Siva, l'auteur présumé de ce système, pour l'avoir rendu accessible aux çudras, et par suite à tous ceux qui ne font pas partie des trois classes supérieures. On ne doit donc pas être surpris du prestige exercé, en dehors de l'Inde, par cette science magique sur des populations déjà adonnées au culte des Esprits et des forces de la Nature, comme l'étaient les tribus du sud de la Chine et du

1. Péri, Hariti la mère des démons (*Bibl. Éc. fr. Ex.-Or.*, t. XVII).

nord de l'Indo-Chine, celles de la race thaïe en particulier.

Dès le XIIIe siècle en effet, Marco-polo[1] a constaté combien grande était l'influence des magiciens et des sorciers dans le pays de Zardandan (Yong-tchang et Yunnan sud-occidental). Toutes les informations des voyageurs sont venues depuis confirmer un état de choses semblable, dans les régions avoisinantes, et notamment parmi les tribus du nord de l'Indo-Chine, n'ayant jamais connu le bouddhisme.

Il est possible, il est même probable que ces usages aient contribué à étendre le prestige des sciences occultes chez les peuples voisins, les ermites ou *russi* paraissant avoir circulé beaucoup, recevant des uns et communiquant aux autres des recettes nouvelles. C'est bien leur succession que paraissent avoir recueillie les bonzes sorciers d'aujourd'hui, car l'exemple de Deng prouve que personne, à aucune époque, n'a mieux réalisé la fusion des rites et des croyances, telle que l'ont recherchée pendant plusieurs siècles tant de monarques indo-chinois.

Aujourd'hui, il est vrai, les sortilèges ne sont plus employés de roi à roi pour s'envoûter, et les sor-

1. Marco Polo, traduction Yule II, p. 85 et suivantes.

ciers n'ont plus la mission officielle de faire disparaître les fétiches ennemis, mais, dans les milieux populaires où ils sont consultés, ils maintiennent des traditions curieuses qui se rattachent à un passé lointain.

Tous ne sont pas forcément des bonzes, mais dans des pays bouddhistes comme le sont le Siam, le Cambodge, le Laos et la Birmanie, le port de la robe jaune confère une autorité spéciale à celui qui paraît faire œuvre pie, en essayant de secourir son prochain. M. Ch. Hardouin [1], qui a longtemps habité le Siam, a, dans une étude consacrée aux *Phis* et aux sorciers, distingué parmi ces derniers trois espèces : les *Mo-du,* ou devins qui se servent des mantras et des mudras, mais ne se livrent à aucune incantation, ce qui permet aux bonzes d'en faire partie, sans aucun scrupule ; les évocateurs des *Phi-poh,* qui s'adonnent aux sciences occultes et sont l'objet d'une initiation sérieuse ; les *Phi-rong*, ou *Phi-mot-thao,* sorcières possédées par un Esprit, et qui disent la bonne aventure. Il y a comme ailleurs des sorciers qui envoûtent les gens, ou qui les font mourir, en se servant de peaux d'animaux pour les

1. Ch. Hardouin, Traditions et superstitions siamoises. *Rev. Ind.-Chin.* Hanoi.

étouffer ; il y en a aussi de moins malfaisants qui font gagner à la loterie et qui vendent des philtres d'amour.

Le cas du bonze Deng échappe à cette banalité, et paraît beaucoup plus intéressant, car il aboutit à une synthèse, où le bouddhisme semble sortir triomphant de son contact avec les anciens dieux et avec le monde illimité des Esprits. Il n'est pas vrai que les dieux soient morts, bien qu'ils paraissent assujettis. Quant à l'Esprit vaincu, peu importe qu'il appartienne à telle ou telle des catégories relevées par M. Hardouin et qui, sous des noms différents, habitent les montagnes et les bois, se perchent sur des arbres, s'installent au foyer domestique, pénètrent dans le corps des pauvres humains pour les faire souffrir ou pour les priver de leur libre arbitre, errent à travers le monde à la suite d'une mort tragique. En réalité, ils sont légion et représentent aux yeux des hommes les forces de la Nature que ceux-ci ne sont pas encore parvenus à dominer.

Dans l'Inde, où on les appelle Bhutas[1], ils sont considérés comme les serviteurs de Siva. Le Vayu Purana leur attribue comme mère la colère, et ce

1. J. Dowson, A classical dictionary of hindu mythology. Trübner, London, 1913.

sont, d'après le Vishnu Purana, des êtres féroces, que le Créateur a fait naître, parce que les hommes l'exaspéraient.

Ceci suffit à expliquer l'importance du rôle encore attribué à Siva, par une partie de l'humanité qui tient malgré tout à la vie, et aux yeux de laquelle les doctrines spéculatives et négatives du bouddhisme, ne sont pas suffisantes pour les aider à lutter contre les misères courantes, contre la pauvreté, la maladie, la mort, et contre les accidents de chaque jour.

Août 1922.

Pierre Lefèvre-Pontalis.

CHARTRES. — IMPRIMERIE DURAND, RUE FULBERT (6-1926)

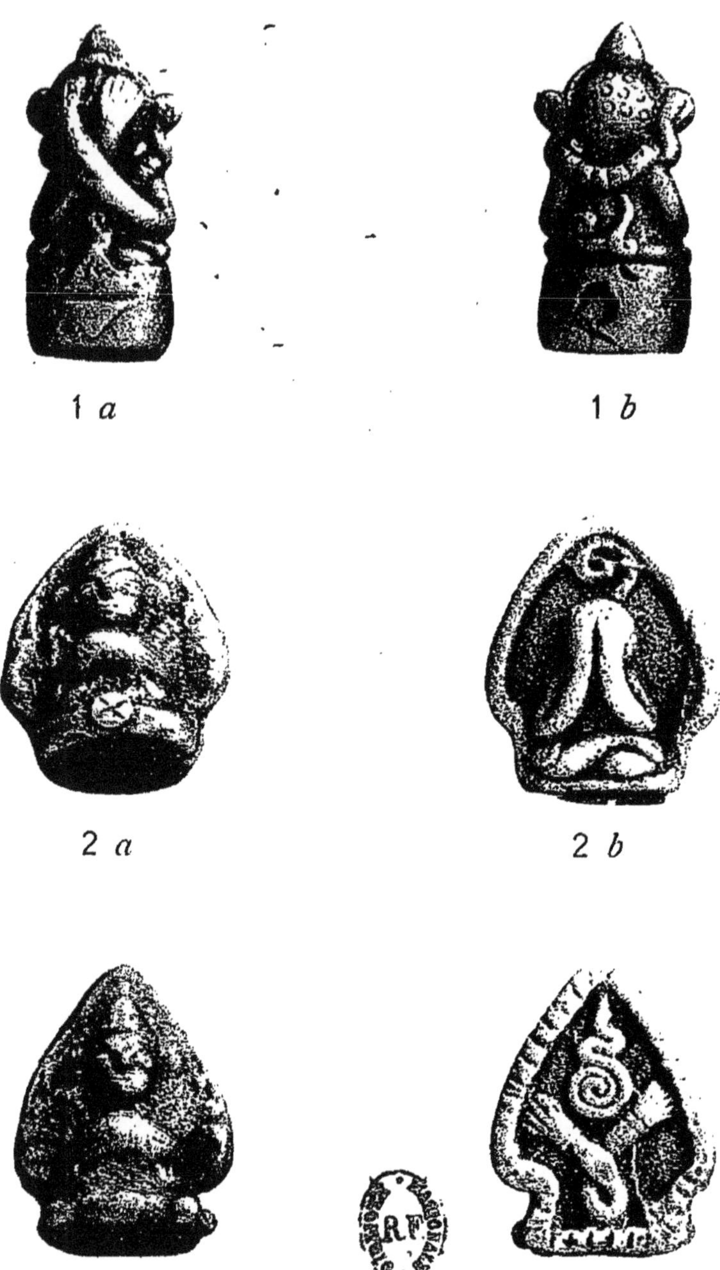

1 *a* — 1 *b*

2 *a* — 2 *b*

3 *a* — 3 *b*

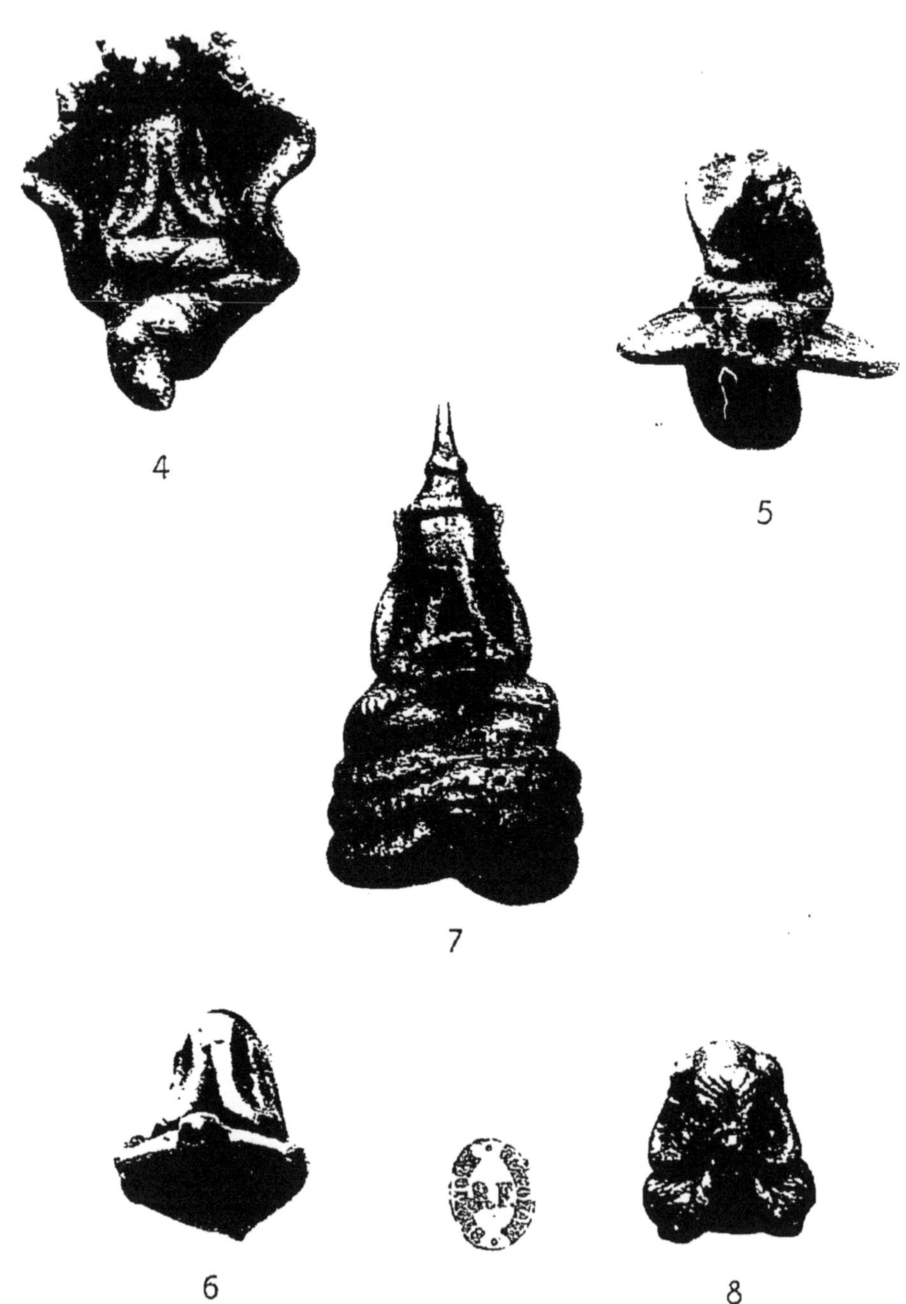
4
5
7
6
8

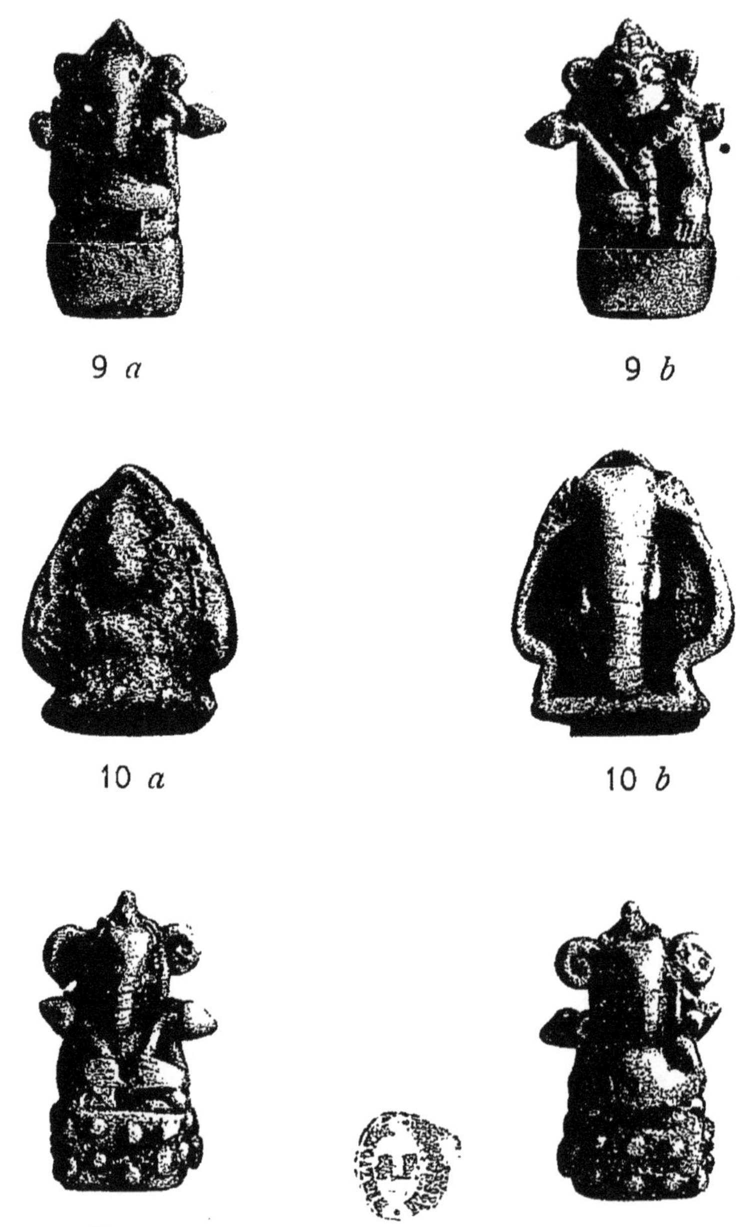

9 *a* 9 *b*

10 *a* 10 *b*

11 *a* 11 *b*

12 *a*

12 *b*

13 *b*

13 *a*

13 *c*

14 *a*

14 *c*

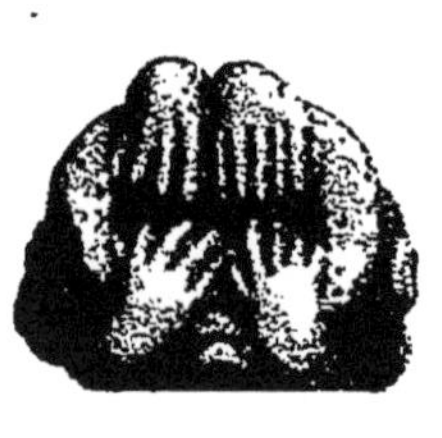

14 *b*

15 *b*

15 *a*

15 *c*

16 *a*

16 *c*

16 *b*

17 *a*

17 *b*

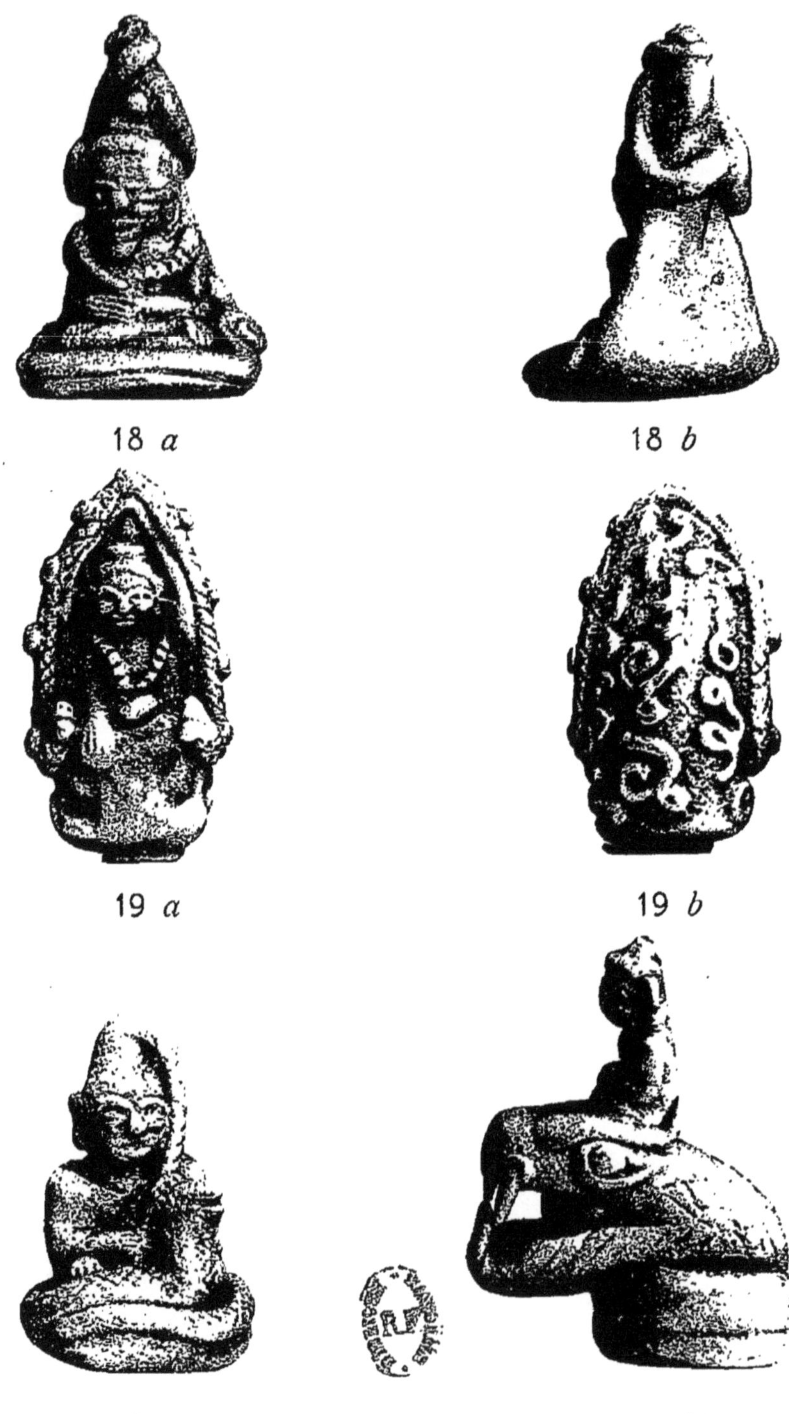

18 *a*

18 *b*

19 *a*

19 *b*

20

21

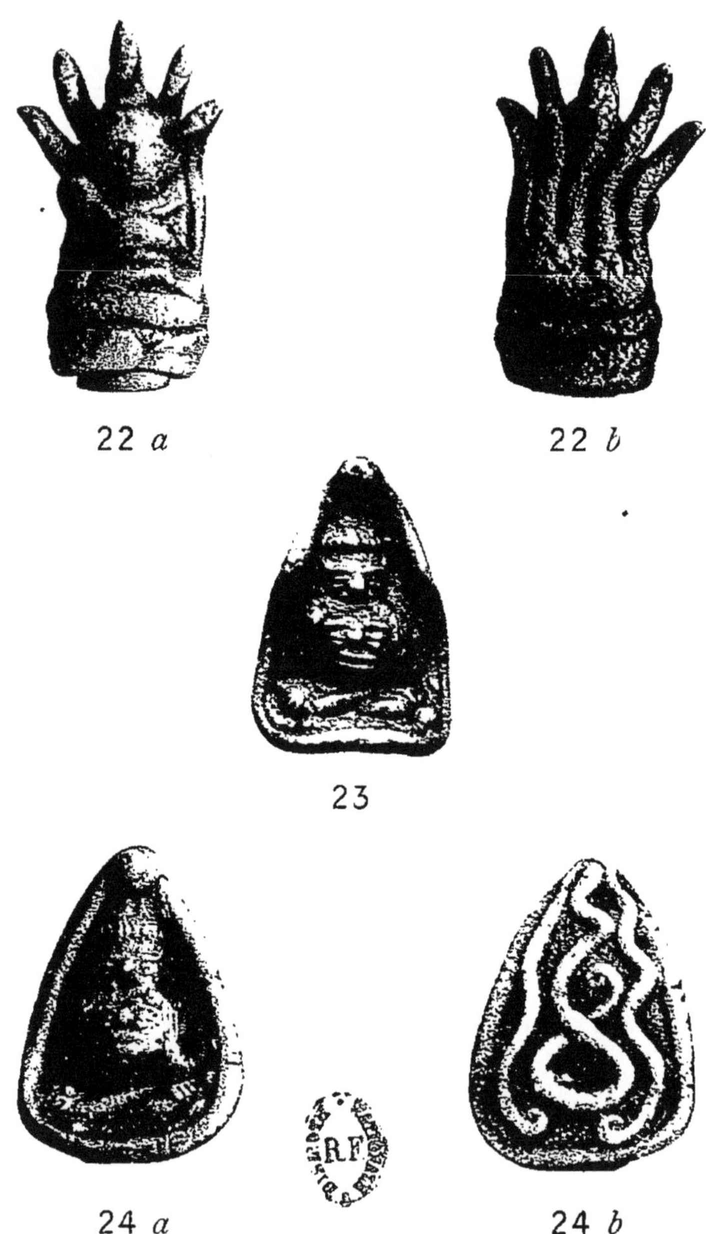

22 *a* 22 *b*

23

24 *a* 24 *b*

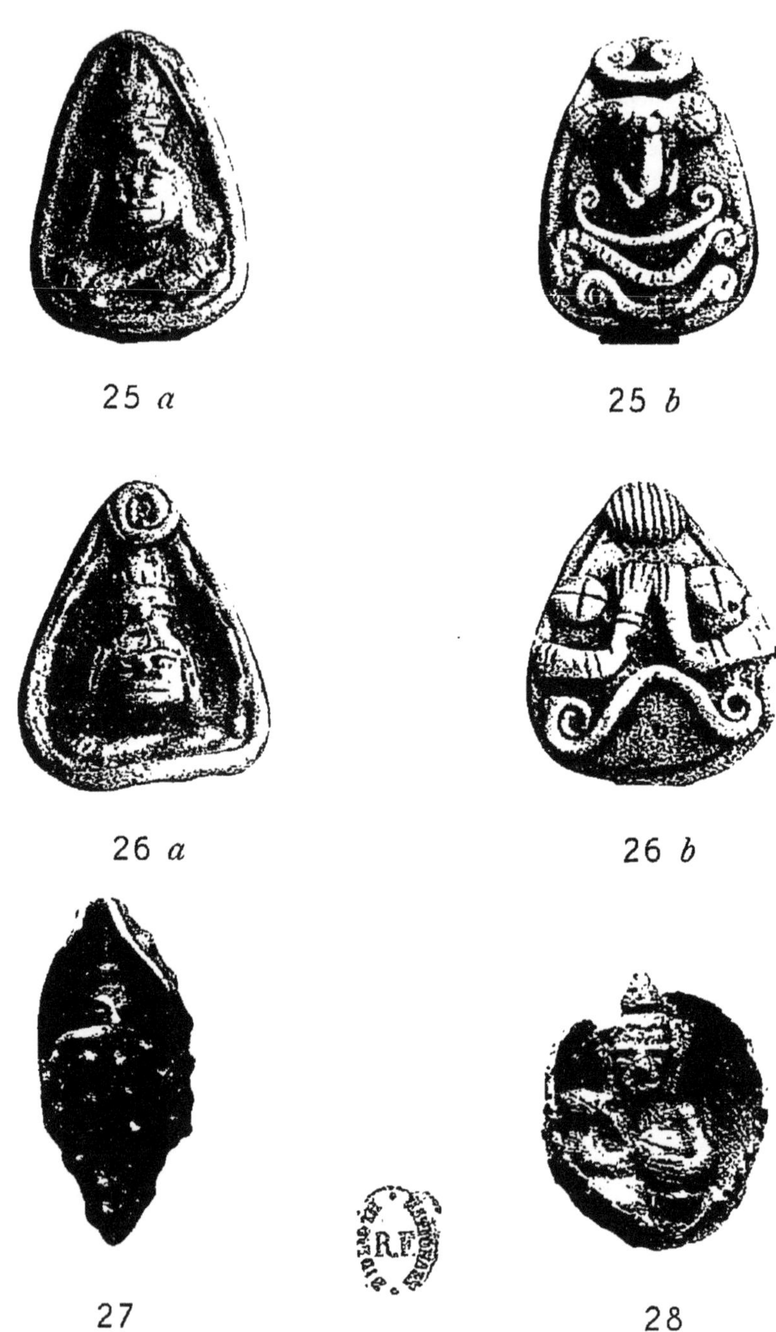

25 *a* — 25 *b*

26 *a* — 26 *b*

27 — 28

29 30 31 32 33 34

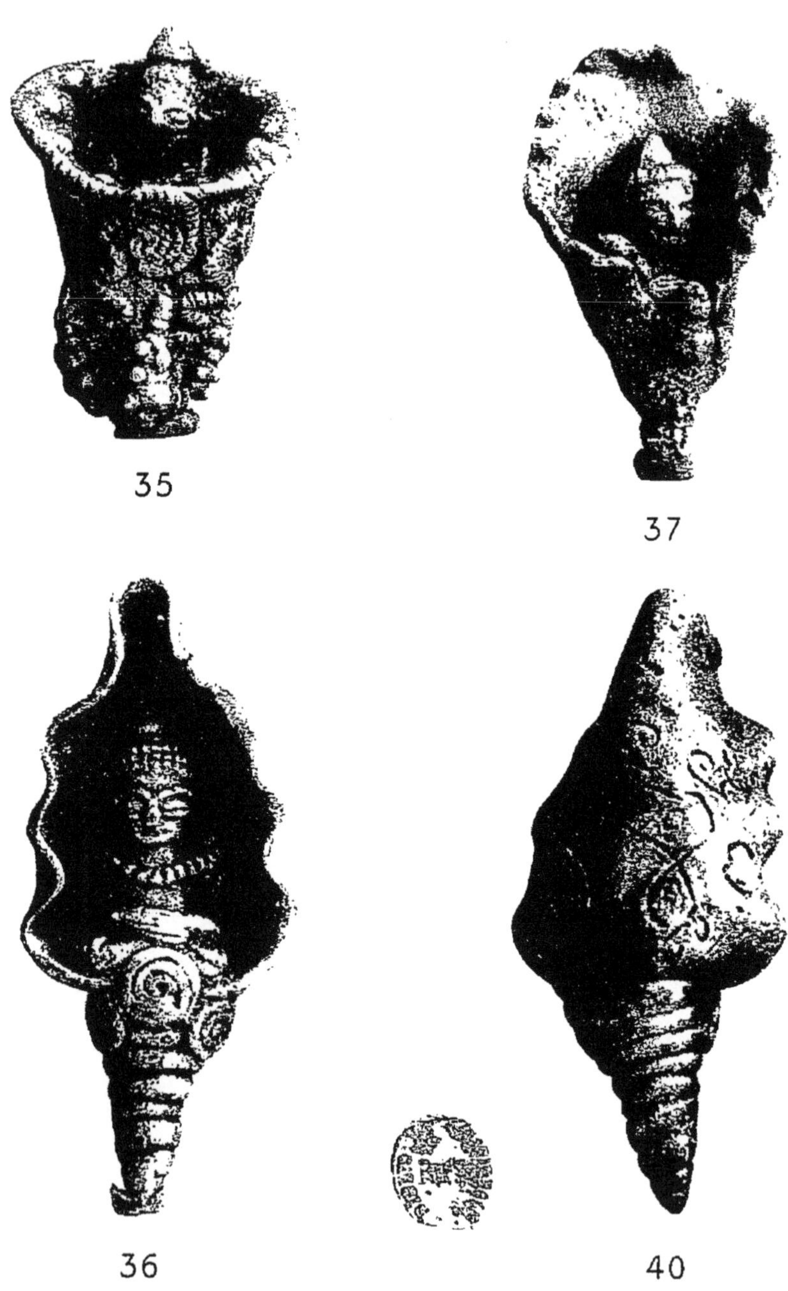

35

37

36

40

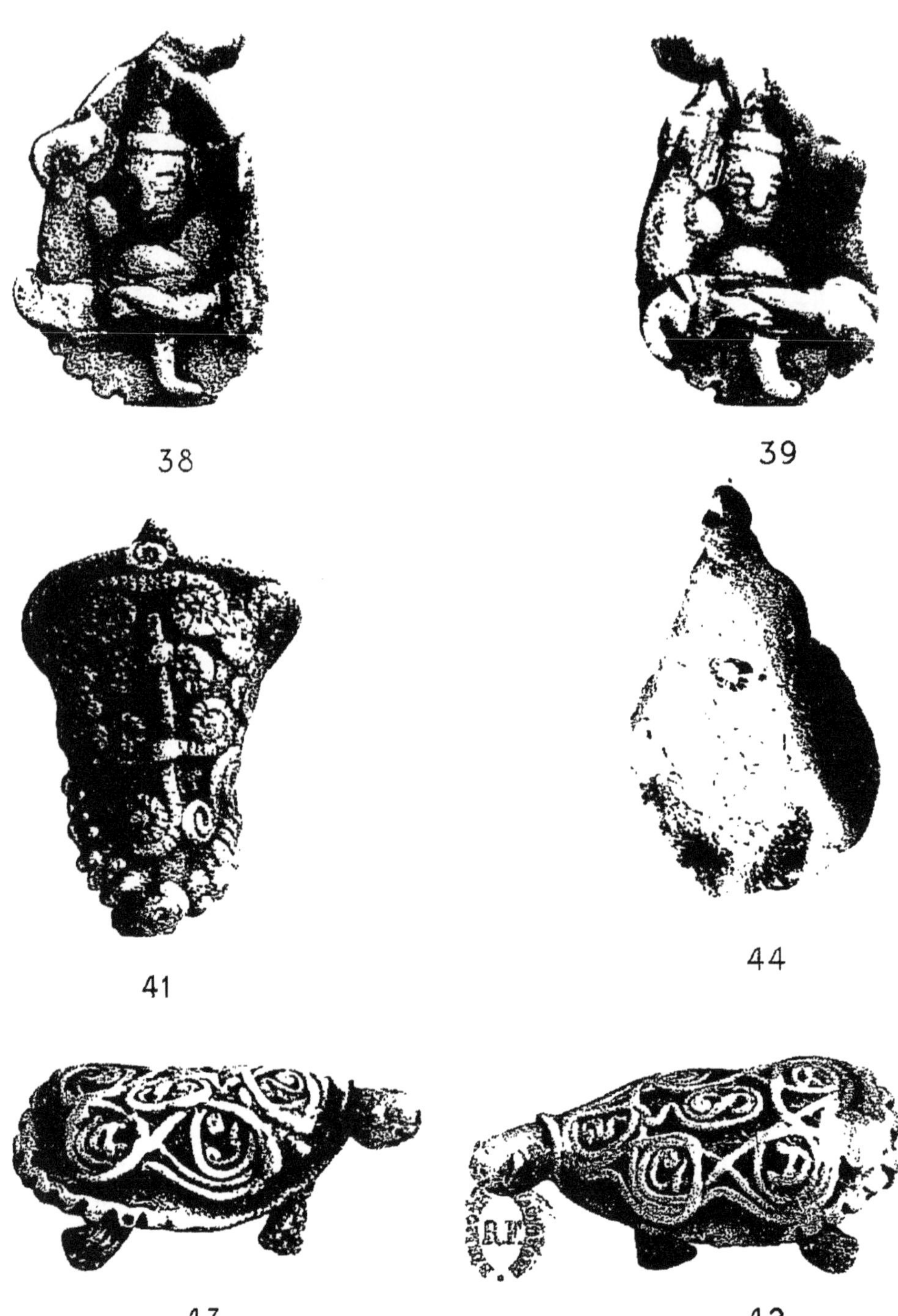
38
39
41
44
43
42

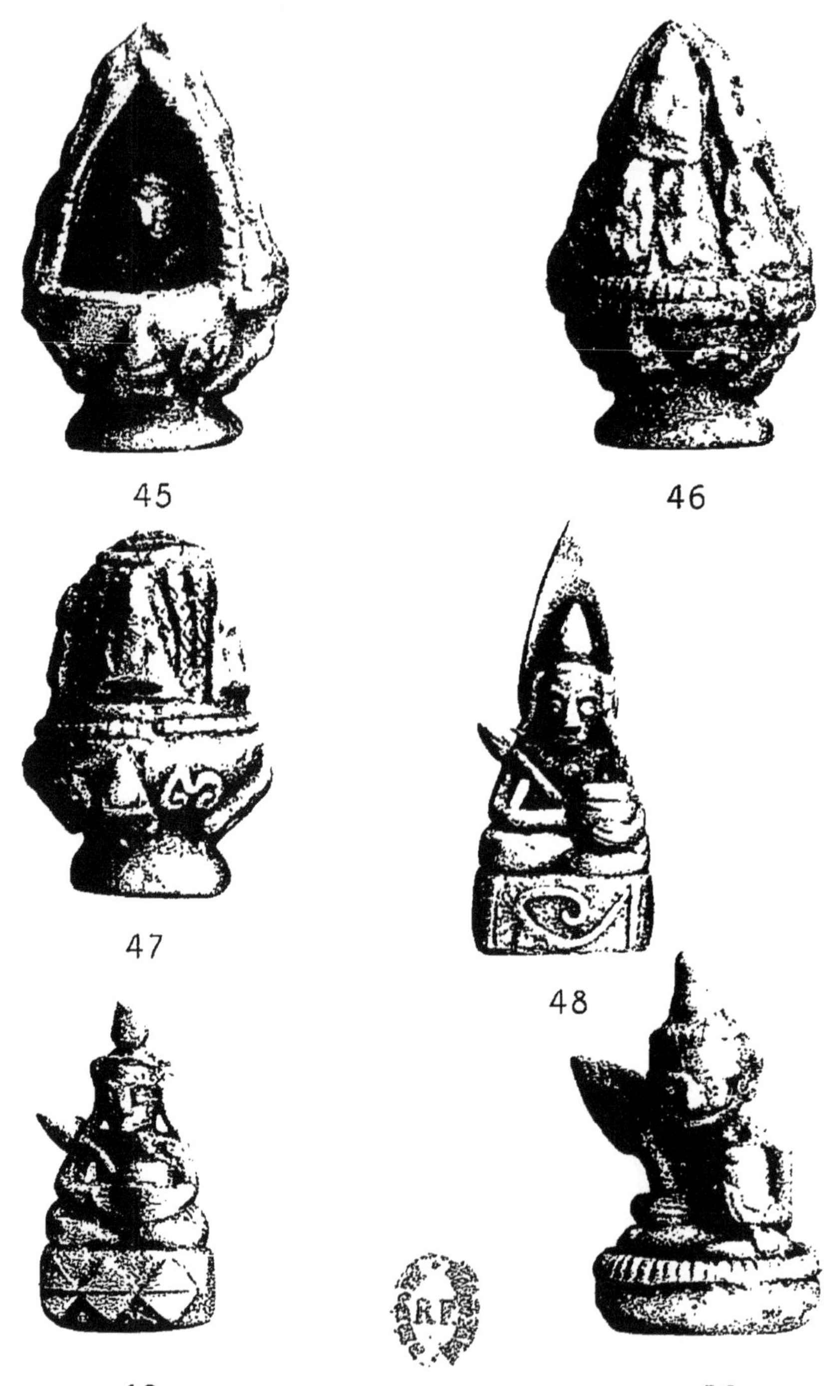
45
46
47
48
49
50

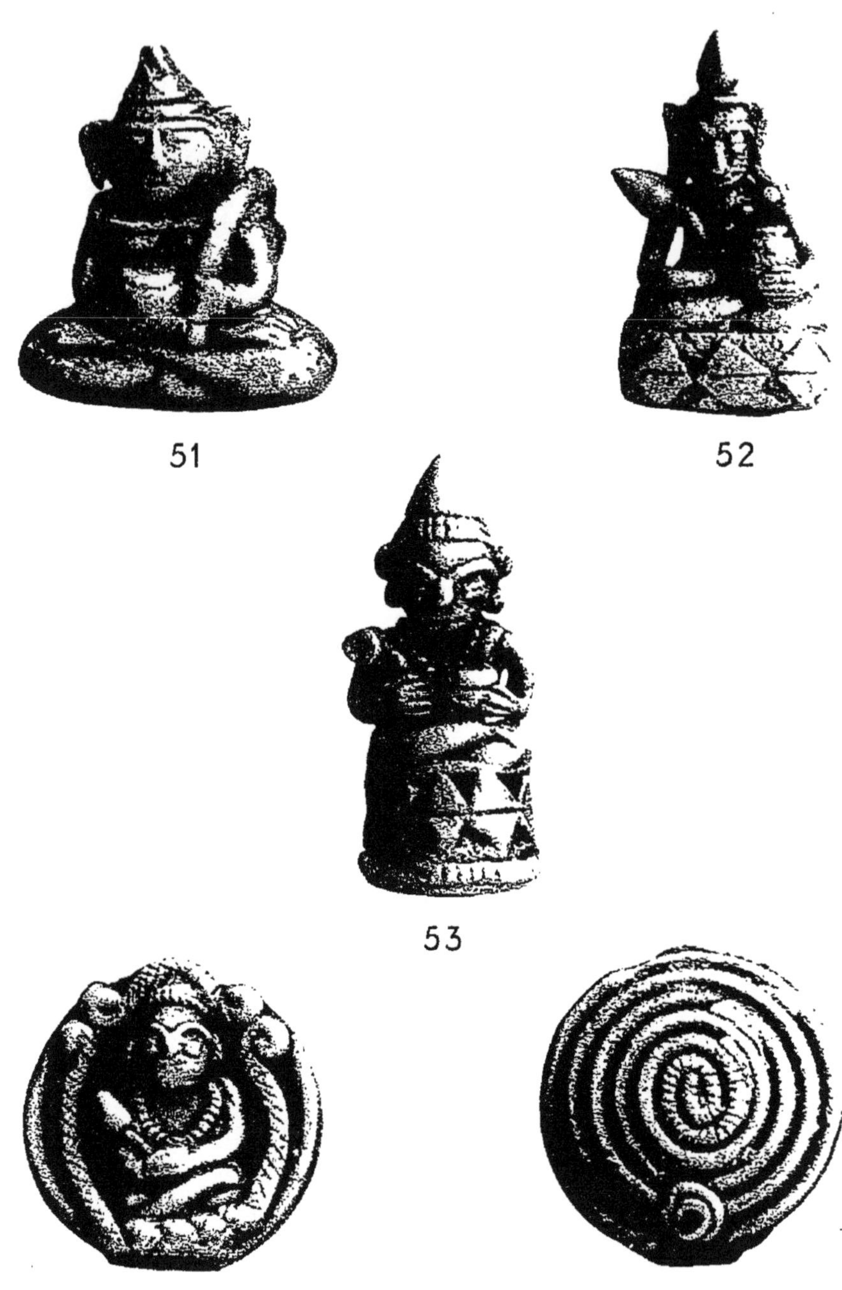

51 52

53

54 *a* 54 *b*

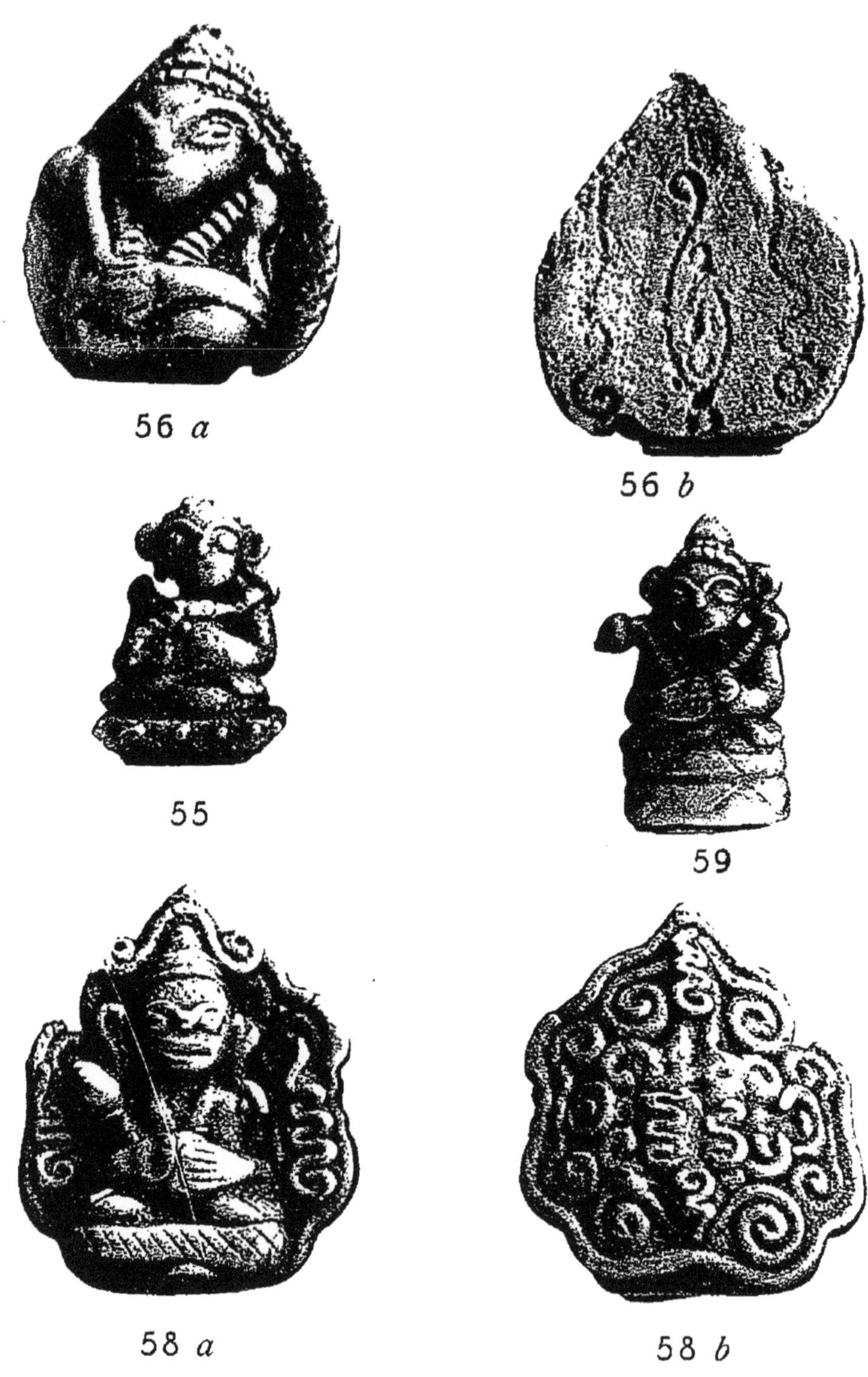

56 *a* 56 *b*

55 59

58 *a* 58 *b*

57 60 61 62 63 *a* 63 *b*

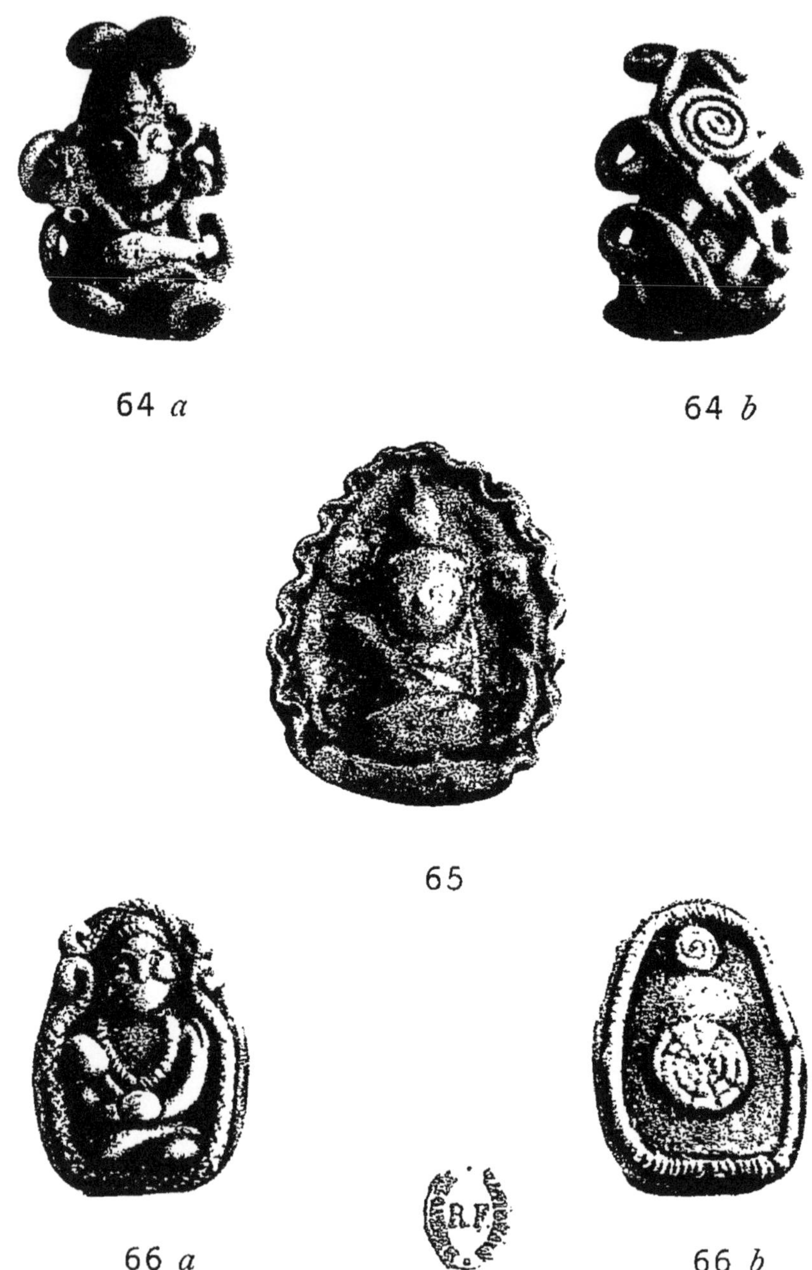

64 *a* 64 *b*

65

66 *a* 66 *b*

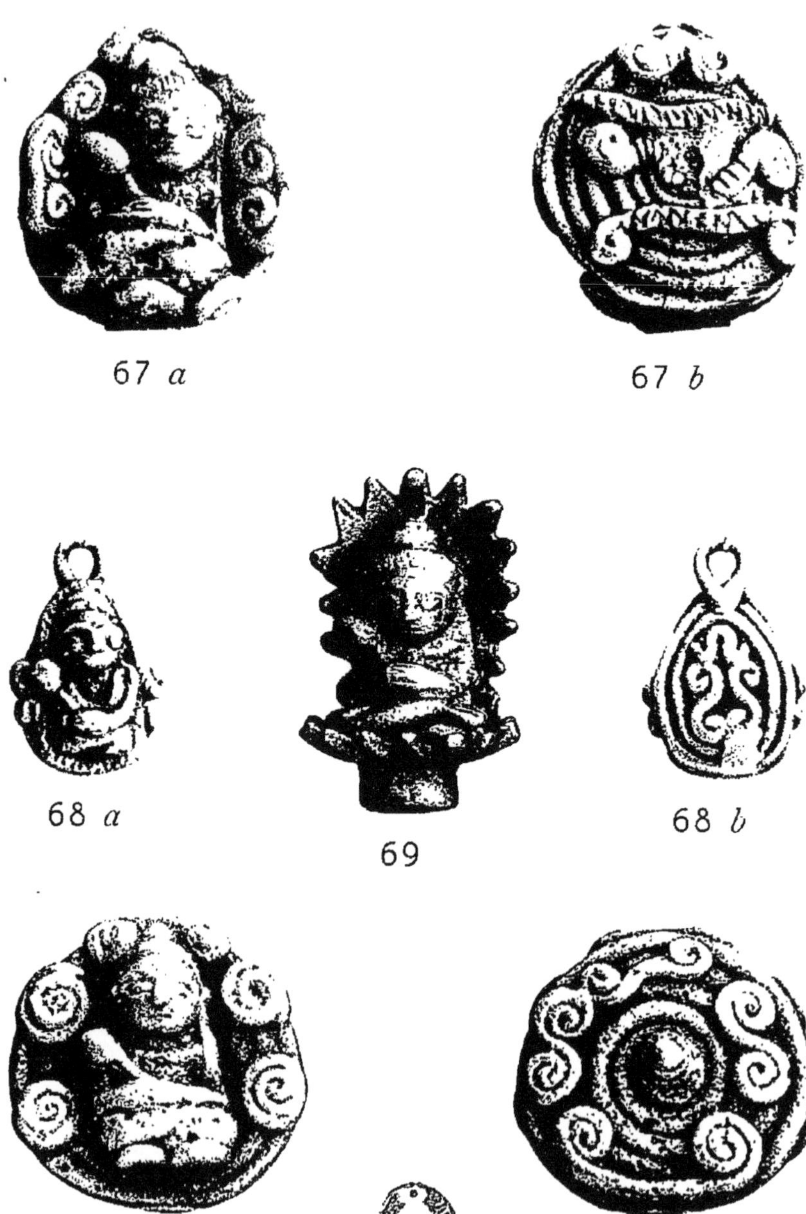

67 *a* 67 *b*

68 *a* 69 68 *b*

70 *a* 70 *b*

71 *a* 71 *b*

72 *a* 72 *b*

74 73 75

76 *a*

76 *b*

77

79

78

80 *a* 80 *b* 80 *c*

81 83 82
84 85 86
87 89

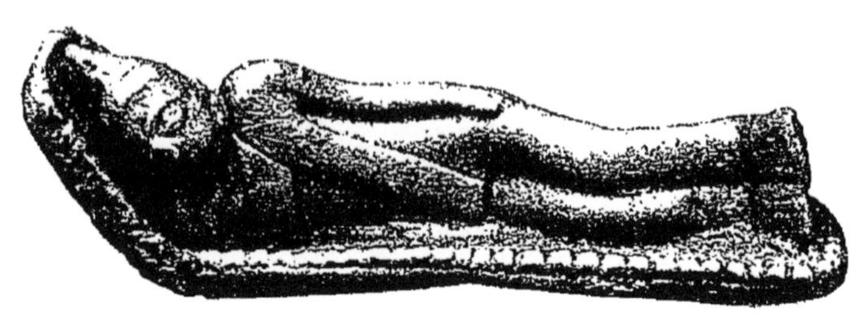

90

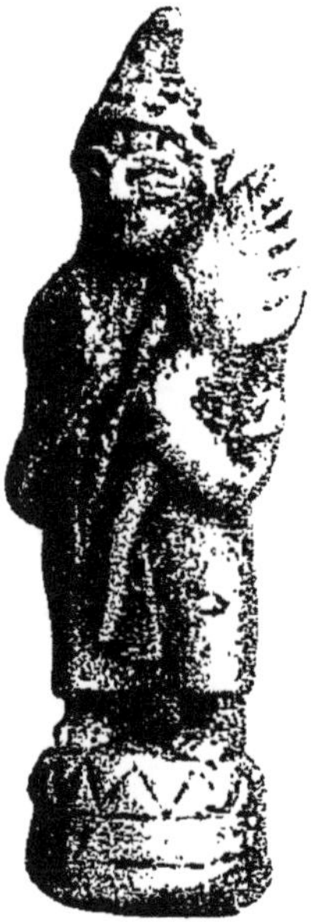

91

92

93

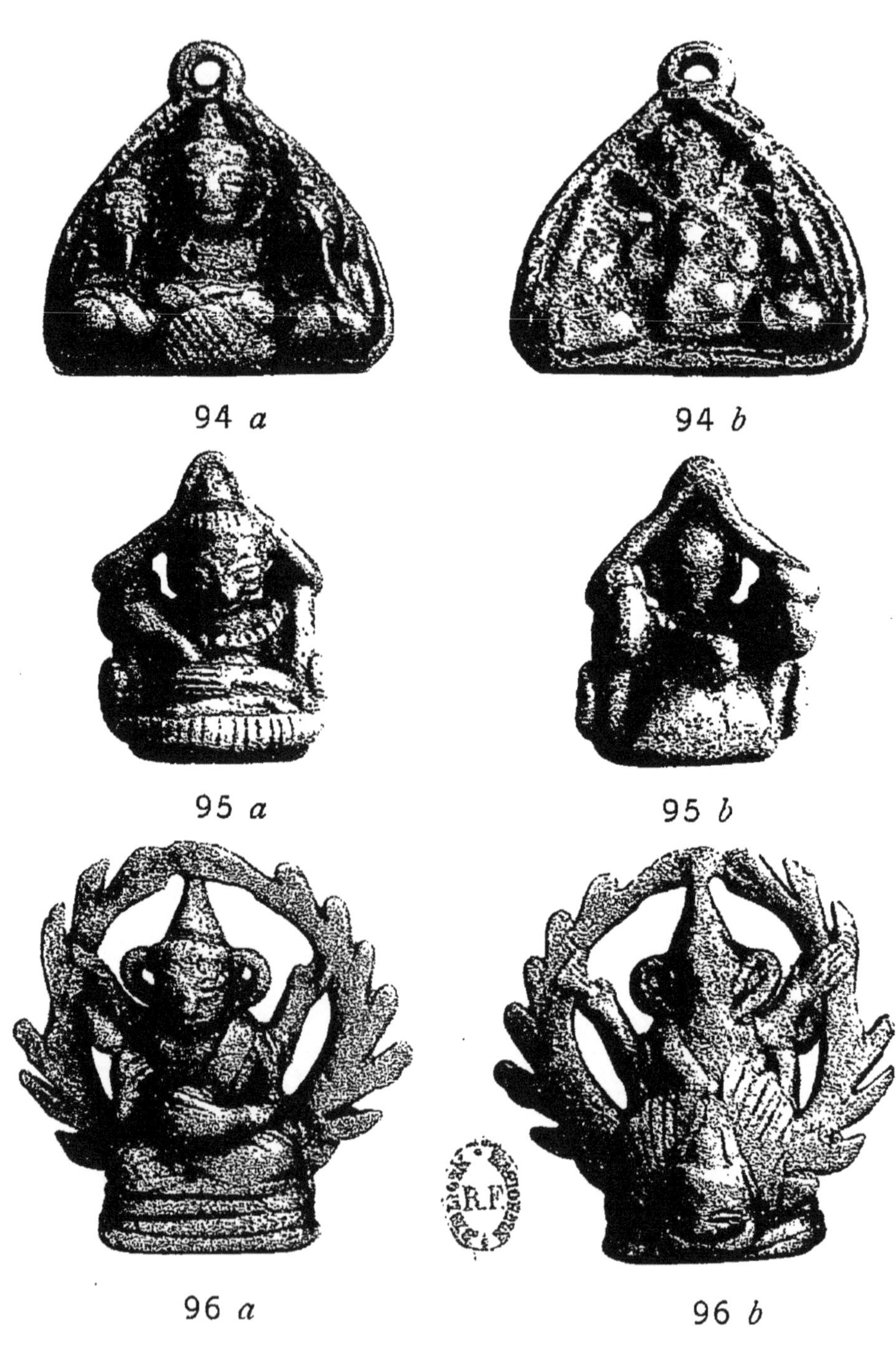

94 *a* 94 *b*

95 *a* 95 *b*

96 *a* 96 *b*

97 *a* 97 *b*

98

100 *a* 100 *b*

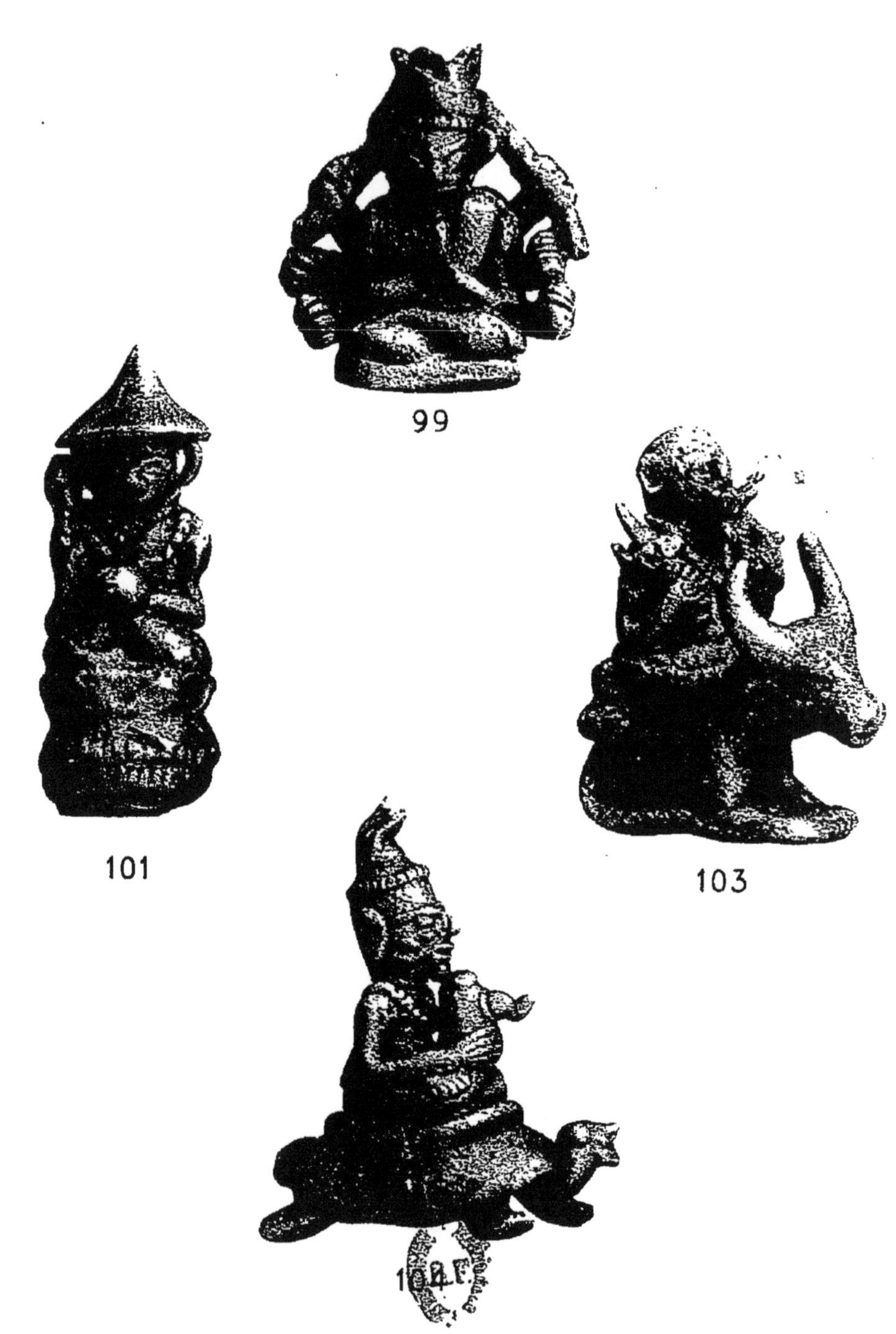

99

101

103

104

106

105

102

107 *a*

107 *b*

ANNALES DU MUSÉE GUIMET

BIBLIOTHÈQUE DE VULGARISATION

TOMES

XXXVI : Conférences faites au Musée Guimet en 1911, fig., 291 pp., in-12, 1912 . . . . . 4 fr. suisses

L. de Milloué, Anthropomorphisme et zoomorphisme. — *H. Cordier*, Lao Tseu. — *R. Cagnat*, Naufrages d'objets d'art dans l'antiquité. — *Goblet d'Alviella*, Histoire de la science des religions. — *S. Lévi*, Les études orientales : leurs leçons, leurs résultats. — *J. Bacot*, L'art tibétain. — *D. Menant*, Sacerdoce zoroastrien à Nausari.

XXXVII : Conférences faites au Musée Guimet en 1912, nombr. fig., 293 pp., in-12, 1912 . . 4 fr. suisses

A. Morel, Mystères égyptiens. — *Dr. Capitan*, Excursion aux villes mortes du Yucatan. — *Seymour de Ricci*, Les contes populaires égyptiens et la littérature hébraïque. — *Ph. Berger*, Les ruines.

XXXVIII : Conférences faites au Musée Guimet en 1912, fig. et planches, 273 pp., in-12, 1912 . 4 fr. suisses

Espérandieu, Le culte des sources chez les Eduens. — *P. Alphandéry*, St François d'Assise et l'épopée française. — *S. Reinach*, Samson. — *R. Cagnat*, Comment les Romains se rendirent maîtres de toute l'Afrique du Nord. — *A. Morel*, La Royauté primitive : Totem et Pharaon. — *A. Foucher*, L'origine grecque de l'image de Bouddha.

XXXIX : Conférences faites au Musée Guimet en 1912, nombr. planches, 277 pp., in-12, 1913. *Epuisé.*

R. Dussaud, Les crimes d'Athalie (histoire et légende). — *R. Cagnat*, Visite à quelques villes africaines récemment fouillées. — *R. Pichon*, Le rôle religieux des femmes de l'ancienne Rome. — *J. Toutain*, Les cavernes sacrées de l'antiquité grecque. — *D. Menant*, Pèlerinage aux temples jainas de Girnar. — *A. Morel*, Sanctuaires de l'ancien empire égyptien.

XL : Conférences faites au Musée Guimet en 1913, nombr. planches et fig., carte, 388 pp., in-12, 1914 4 fr. suisses

V. Goloubev, Peintures bouddhiques aux Indes. — *Cap. de Tressan*, Influences étrangères sur la formation de l'art japonais.

— *J. Hackin*, Illustrations tibétaines d'une légende de Divyâvadâna. — S. *Lévi*, Les grands hommes dans l'histoire de l'Inde. — *F. Nau*, L'expansion nestorienne en Asie.

XLI : Conférences faites au Musée Guimet en 1914, nombr. planches, 203 pp. in-12, 1916 . . . 4 fr. suisses

R. Cagnat, Temples et sanctuaires romains. — *R. Dussaud*, La grande déesse chypriote. — *A. Morel*, Les statues d'Egypte « images vivantes ». — *V. Goloubev*, Le Kaïlâsa d'Ellora. — *R. Petrucci*, Les peintures bouddhiques de Touen-Houang (mission Stein). — *H. Cordier*, La question des rites chinois. — *E. Pottier*, Les origines de la caricature dans l'antiquité.

XLII : A. Leclère Cambodge : fêtes civiles et religieuses, 13 planches, 661 pp., in-12, 1917 . . 6 fr. suisses

I : Le couronnement de Sisowath. — II : les fêtes religieuses régulières. — III : les cérémonies religieuses privées. — IV : les fêtes privées. — V : les fêtes et cérémonies propitiatoires. — VI : les cérémonies qui accompagnent la prestation du serment.

XLIII : M. Anesaki. Quelques pages de l'histoire religieuse du Japon ; conférences faites au Collège de France, IX et 173 pp., in-12, 1921. . . . . . 4 fr. suisses

Introduction. — I : Le Prince Shotoku, pionnier de la civilisation japonaise. — II : Dengyo et Kobo, organisateurs de la hiérarchie bouddhique. — III : Honen, le saint piétiste. — IV : Nichiren, le prophète. — V : Introduction du bouddhisme Zen et ses effets sur la civilisation japonaise. — VI : Une phase du mouvement religieux dans le Japon moderne.

XLIV : A. Meillet. Trois conférences sur les Gâthâ de l'Avesta faites à l'Université d'Upsal pour la fondation Olaus Petri, 72 pp., in-12, 1925 . . 2 fr. 50 suisses

Introduction. — I : Date de Zoroastre. — II : La composition des Gâthâ. — III : Caractère de la doctrine des Gâthâ.

XLV : P. Lefèvre-Pontalis. Notes sur quelque amulettes siamoises, 2 et 27 planches. 49 pp., in-12, 1926. . . . . 4 fr. suisses

XLVI : Ph. Stern. Le Bayon d'Ankor et l'évolution de l'Art Khmer, 22 planches, env. 80 pp., in-12, 1926. sous presse. . . . . 4 fr. suisses

Imprimerie E. Durand, 18, rue Séguier, Paris

www.ingramcontent.com/pod-product-compliance
Ingram Content Group UK Ltd.
Pitfield, Milton Keynes, MK11 3LW, UK
UKHW020922180726
13838UKWH00002B/694

9 782329 041032